禮記

〈甜蜜的包袱〉

林素英◎著

目錄

第二篇 生活規範——守規範有益生活 解約束寸步難行

第三篇 生命禮儀——生老病死轉頭過 冠昏喪祭譜人生

※喪禮：揮手自茲去　魂夢託有情

第五篇 朝廷禮儀——圭璋禮聘介爲傳　效命朝廷有勇強

第六篇 理想的國度——儒家自是有理想　情理和諧重中庸

【自序】

爲什麼說它是甜蜜的包袱

儘管社會充斥著富裕卻不安寧、自由卻又混亂的現象，然而我們還不應該對人性完全絕望！

就因爲深深感受富而不安、享樂而不幸福的潛在壓力，所以，我們憧憬有「禮」且有「理」的社會再度降臨人間！

就因爲對人性並未完全絕望，所以，我們期待人類多多開發理性，人人都要追求理想的生活情境！

「萬物之靈」的人類，不要遲疑，請快快點燃「理」想的火花！更不要吝惜畫出生命中「禮」的光彩！讓你我都成爲一個理想的圓「禮」之人！

倘若水的蓄積不夠深厚，就無法承載大的舟船；倘若風的涵藏不夠豐足，就無力鼓動大的羽翼；原因無他，一言以蔽之，小不足以載大，如此而已！

然而，人，是赤裸裸地來到這個世間的，何嘗有什麼深厚的蓄積與豐足的涵藏？而且，充其量，人只是天地間的逆旅、百代中的過客，要想在這個浩瀚的人世間走完這麼一趟，而且還要走得平穩、過得泰然、活得幸福，又該有怎樣的心理準備與妥當的儲備？又該在我們的行囊裡放些什麼資糧？

行囊，用今天的話來說，就是行李箱，也就是古代的包袱。有了這種所謂包袱、行囊、行李箱之類的東西，就可以放置一些出門在外時必備的用品，使我們往來行走時有所憑藉，不虞匱乏。當我們背起包袱、提起行囊或者推動行李箱時，有時可能會覺得它是沈重的負擔，然而，我們卻都非常清楚：缺少了它，雖然未必都會使得我們在旅途上寸步難行、陷入絕境，但是，無可否認的，雖然身懷巨款，擁有多張信用卡、簽帳卡，一旦碰上緊要的關頭，還是緩不濟急，會要人命的呢！即使不至於遭到這麼嚴重的後果，不過由於這橫生的枝節而導致的極端不便，也是夠受的了。因此，不論是包袱、行囊或者是行李箱，對於一個旅人而言，雖然是一種負擔，但是，它卻是讓人感覺甜蜜而有安全感的寶物！尤其，在今天觀光旅遊事業方興未艾的時候，從旅遊經驗中，就可以更深刻體會這種感受了！那麼，在這一趟人生的旅途中，該為包袱內放入哪些必需品呢？

以前，《禮記》是讀書人必讀的一部典籍。因為這部書中，除了記載禮事、說明禮義以外，還記錄了許多做人做事的原理原則，並且有許多關於日常生活中可供遵循的行為規範，不但提供了培養良好品格與高尚道德的途徑，也塑造了立身處世的理想風範，同時也構築了理想的生命情境，更呈現了理想國度的藍圖。諸如此類寶貴的資料，都是前人生活體驗的累積，更是先賢運用智慧的結晶，不但表現了當時社會的狀況，也凸顯了我國人文思想的特色，更說明了「禮」在我國傳統文化中屹立數千年的原因。

《禮記》不但陪伴當時的讀書人走過人生的旅程，也是在上位者教化世人的重要依據，因而它的思想觀念早已在無形中深入了人心，形成世人生活中的潛在意識，影響國人的生活數千年。由於這個緣故，所以權稱《禮記》這部書為「甜蜜的包袱」，又因為撰寫本書的目的，就在於介紹《禮記》這部經典，因此以

「甜蜜的包袱——《禮記》」為本書的書題。雖然理解這個包袱的內容有可能是一種負擔，但是，這種負擔卻是甜蜜的負擔！它可以使我們的人生旅途過得踏實而安穩！

當我們還不知道包袱之內裝有什麼東西時，誰又有什麼權利批評它無用、迂腐，只是個老掉牙的無聊玩意兒呢？當然，隨著時空的轉換，我們知道禮的形式會有很多改變，而且也應該要有很多改變的；但是隱含於其中的內涵思想觀念，有許多卻可以是亙古不變、歷久彌新的道理，對於現代人的立身處世之道，仍然有它重要的指導價值，倘若在不明究裡之前，就要將它一筆抹煞，就是最最武斷而缺乏民族自信心的可悲作法！但願我們都不是這種人！

所以，還是先讓我們打開這個包袱看個究竟吧！於是，整理過包袱中的內容後，可以發現包袱內的東西，大體上可以分為生活規範、生命禮儀、社交禮儀、朝廷禮儀和理想的國度等五大類，它涵括了人類生命的各個活動向度，也呈現當時人民的生命情境。因此，我們決定向各位這樣介紹：生活規範篇，擇要陳述規範的內容以及設立的緣由，並透過真人實事的紀錄，凸顯實踐規範在實際生活中的意義。生命禮儀篇，大致上依據人類生命發展的重要進程，藉由冠、昏、喪、祭的生命禮儀活動，重點式地呈現出一個人對於個體與群體生命的期許與關懷。社交禮儀篇，摘錄一些當時重要的鄰里社交情況，述說活動的方式和意義。朝廷禮儀篇，擇要摘錄諸侯國間相互聘問時的大禮，述說國際間注重道義的示範，更說明君子貴玉以德、朝廷善用武勇之人的道理。最後，則是理想的國度篇，從列舉儒者的風範，為世人樹立理想的人格典型；更從誠實不欺、中正平和的人格世界，內和外順、禮樂和諧的禮義世界，呈顯理想意境的藍圖。希望藉由這些古老的材料，也能提供現代人選擇理想的生命型態時做參考。

無可否認地，談「禮」，實在無法像欣賞優美的文學作品，可以時時感受行雲流水般地優游自得的樂趣，而難免會有莊重嚴肅、拘謹放不開等既定的刻板印象。但是，倘若大家能體認生命的整體是無所不包的，不但有輕鬆的一面，也會有嚴謹的一面，也就比較容易包容這個嚴謹的老骨董了。並且從包容與嘗試接觸中，更可以進而明瞭這些禮儀活動的安排和設計，原來還蘊藏著關懷生命、教化人心的深遠用意，那時，也就愈發能從這個古老的包袱中，揀選有益於發展自我生命的智慧了。

感謝顏崑陽學長在策劃編撰少年經典叢刊時，能想到為時下冷門的《禮記》安插一席之地，讓這個偏處一隅的老東西，能多在社會上展露它有血有肉的一面，從多多和現代人的生命接觸中，進而能滲透進人體的血脈之內，重新展現經學指導人生的光芒和價值！只可惜這本「甜蜜的包袱——《禮記》」學長覺得內容太深，國中生可能無緣閱讀，於是再重新規劃一本更淺顯易讀的《少年禮記》交由漢藝色研出版社出版。而這個「包袱」一放，轉眼已有四年，近日翻揀舊作，發現當初因為要向社會大眾獻寶，認為要好好介紹《禮記》這部書，的確囊括了《禮記》中相當重要的內容，對於國中生而言，也真的是過於沉重的負擔。不過，它雖然不適合國中生閱讀，但是卻很適合具有高中語文程度以上，關懷生命發展、懷抱人倫理想的廣大群眾來與它做一次心靈的溝通，尤其適合中小學老師閱讀，然後透過融入教學的方式，為學生介紹我優良的傳統文化。於是重新整理舊稿，希望這本《少年禮記》的進階版能儘早與社會大眾見面！

感謝周師一田的支持和鼓勵，當初顏學長邀約撰稿時，老師就認為那是很好的社會公益事業，值得熱情參與。有了老師的鼓勵，可說是文稿如期完成的最大動力，而且這兩本書之所以完成，最要感謝的，要算是老師的《儒家的理想國——禮記》和《古禮今談》，那是我介紹這個甜蜜包袱的好助力！也是我規劃《少年禮記》時的重要藍圖！另外，黃俊郎先生的《禮儀之邦的寶典——禮記》，也提供了參考資料，也在此表達謝意！

第一篇

導讀篇

且把包袱輕開啟

觀來看去細端詳

導讀

解開甜蜜的包袱看《禮記》

要看看以前的讀書人必讀些什麼，就要解開這個甜蜜的包袱看個究竟。然而要解開包袱以前，又要先行知道它形成的過程，因此以下先介紹它形成的經過：

一、《禮記》的形成過程

要理解《禮記》的形成過程，可以先從「禮」觀念的成立與《禮經》的形成談起，然後再談到《禮記》形成的過程。

㈠「禮」的觀念與《禮經》的形成

人類為了適應環境、逃避天敵，必須集合群體的力量，才能增加對抗自然災害的能力；為了改善生存的條件與環境，更需要群體中的每一分子團結合作，貢獻自己的力量，以造福自己與社會大眾；因此人類採取群居共處的生活方式，就是物競天擇下自然而合理的生活型態。由於群居共處，於是進而會有家庭、社會與國家等群體組織。為維繫團體生活的順利進行，且為增進彼此相處時的愉快氣氛，因而群體間必須具有共識，共同遵守一些原則。起初，這些原則，雖然也是順應天理人情的要求，然而由於只是抽象籠統的概念，因此在實際的人群往來經驗中，未必能產生多大的效果，後來則有賴於聰明睿智的領導者特別加以強調，並設法使抽象的原則落實為具體的規定，且加以普遍推廣，於是原先那些模糊的概念，就產生了維持與鞏固社會秩序的效果。這些抽象而籠統的原則與共識，就是「禮」的觀念。

這些「禮」的觀念被具體化為個人的生活規範，形成群眾共守的社會秩序以後，接著就有各種專禮的訂定。將這些專禮記錄下來，就成為《禮經》。當《禮經》被用為訂定社會制度的藍本、成為制定國家組織的原則時，「禮」就成為政治規章與禮儀制度的根本精神。可知小自個人修身的做法，大至治國、平天下的道理，都隸屬於禮的範疇，因此孔子要說：「不學禮，無以立。」意思是說不學禮就無法明理，也就無法理解各項規範制度，而無法立足於社會之中。由於禮的內涵深遠、外延廣泛，為求理想的目標可以達成，因而《禮經》就透過各種專禮固定的儀節秩序，使人們能在生活中，習慣於遵循各種建設性與限制性的要求，如此一來，就可以發揮禮的實用功能，進而能實現有「理」且有「禮」的理想社會狀態。

㈡《禮記》的形成

要知道《禮記》形成的時期，就要回到漢代。漢代初年，僅存的《禮經》（或稱《禮》、《士禮》）為高堂生所傳的十七篇禮文資料。資料所記載的內容，都是人的一生當中正式而重大的典禮，具有一定的儀節秩序，並且各有固定而專門的用途，由於篇目中兼含有「禮」、「儀」等名稱，因此後來稱它為《儀禮》。然而這些禮儀的秩序單，由於時代的變革，與後代的生活已相隔十分遙遠，因而後來的人實在無法確切理解那些揖讓進退的儀節到底具有什麼用意，所以必須借助一些說明與闡述禮義的文字，才能徹底明瞭古代禮制訂定的精神與用意，於是《禮記》的彙編成書與成為定本流傳後世，就發揮了這方面的價值。

綜觀《禮記》成為定本的經過，則可以分為以下四個階段：

1. 附經而作：最初起於閱讀《儀禮》的人，在心領神會之餘，有所感發，於是隨手把意見附記於經文之後。因此在今本《儀禮》十七篇中，十二篇的末尾都附有「記」文。

2.單獨成篇：由於《儀禮》每篇後面的餘簡有限，前人既然佔有了餘簡，後人只好另行找尋書寫空間，於是由以往的附經型態，演變為單獨成篇的模式。單獨成篇後，不但數量隨之增多，內容也擴大了範圍。

3.各編成書：戴德、戴聖分別在學官講授《儀禮》，各自根據散篇的禮文資料，編成《大戴禮記》八十五篇、《小戴禮記》四十九篇，成為輔佐教學的參考書籍。

4.成為定本：鄭玄跟隨馬融學習《小戴禮記》，並且替它作注，於是《小戴禮記》成為定本。更由於漢靈帝刻熹平石經時，這部書被列為七經之一，因而可以一直流傳至今。唐太宗時，孔穎達奉命編撰《五經正義》，就獨取《小戴禮記》省稱《禮記》，於是《禮記》的名稱成為《小戴禮記》所專用。《大戴禮記》則由於缺乏大儒替它作注，因此流傳不廣，而且由於亡佚過多，以致比較不受人重視。

理解《禮記》形成的經過後，我們就可以解開讀書人這個甜蜜的包袱，發現其中有包羅萬象的內容，值得一一加以翻閱。首先看《禮記》的性質：

一、《禮記》的內容包羅萬象

(一)《禮記》的性質

對照上述《禮記》成為定本的四個階段來看，今本《禮記》的內容應該相當駁雜，而從孔穎達在《禮記正義》的書題「禮記」下的記載：「孔子沒後，七十二子之徒共撰所聞，以為此記。或錄舊禮之義，或錄變禮所由，或兼記體履，或雜序得失，故編而錄之，以為記也。」即可得到充分的說明，更由此可知《禮記》是孔子的後學專門記錄有關禮事資料的叢編，並非成於一時一人之手。

由於早期的「記」文屬於附經而作的形式，因此《禮經》是主要的議論依據，內容也以說明禮義，或是補充禮文之不足為主。不過，當它進入單獨成篇的階段時，則由於所記的內容不再依附於《禮經》之後，因此討論的主題也隨之擴大，只要是與禮事有關的論題，都可以納入此一範圍；甚至是過去的禮制，由於某些因素而產生的變革，都可列入紀錄；或是某些人的行事執禮能切合禮義、或者有所偏差，都可以透過記事的方式記錄下來，成為後人行禮的參考，因此也是《禮記》收編的材料。至於二戴各自選編記禮的書籍，則是針對彼此的教學需要，因此二者的著重點並不一致，且經常有拼湊主題相近的短文以成篇的現象。由於《禮記》的來源多端，因此更可以從中發掘古代社會的文化現象，並藉以探求當初制禮的用意。

(二)《禮記》的各篇大要

概略曉得《禮記》的性質以後，讓我們再來翻閱它的篇目內容。今本《禮記》共有四十九篇，總計九萬多字。但是由於〈曲禮〉、〈檀弓〉與〈雜記〉三篇的篇幅過長，因此各分為上、下篇，可知就篇題來看，其實只有四十六個篇題。謹將此四十六篇的內容簡述於下：

1.〈曲禮（上、下）〉：以敘述日常生活中的小事與行為準則為主，且兼及社會上常見的名詞與稱謂的說明。

2.〈檀弓（上、下）〉：性質與〈雜記〉相似，其中討論喪禮之文字居多，並以獨具一格的方式，記錄當時很多名人行禮的事蹟。

3.〈王制〉：記載王者行使王道仁政時應有的行政制度，在歷史背景之外，更含有託古改制的理想建國綱領。

4.〈月令〉：分別記錄一年之中，每個月的自然天候變化特徵，並配合氣候變化，各有適合施行的事務。

5.〈曾子問〉：藉由孔子與曾子答問的方式，深入討論有關喪禮儀制的問題，可以補充《儀禮》所載之不足。

6.〈文王世子〉：全篇注重子弟之教育，敘述世子涵養品德與整飭言行的方法，並說明世子侍奉君父應有的行為與態度。

7.〈禮運〉：說明禮的興起與轉化，包含「變易」與「旋轉」兩種不同的方式，其中禮之「數」隨時而沿革，至於禮之「義」則為周而復始，因此可於後起的「禮數」中，探求原始的「禮義」。

8.〈禮器〉：藉由禮的外在形式，以探索禮的內涵精神，並提出時、順、體、宜、稱為立禮的五種原則，並進而討論禮的核心意義。

9.〈郊特牲〉：全篇雜論各種專禮中應該注意的事項，特別重視禮與陰陽相配的道理，並討論某些儀節設置的意義和原則。

10.〈內則〉：主要敘述家庭生活中，子女應如何侍奉父母舅姑的規矩，並涉及養老、飲食與育幼的方法。

11.〈玉藻〉：記錄天子、諸侯、大夫及士，在生活起居方面所應適時注意的事項，以及衣服、飲食、容貌與稱謂等法制的規定。

12.〈明堂位〉：敘述魯以侯國而擁有天子禮樂的由來和盛況。

13.〈喪服小記〉：本篇主要為《儀禮・喪服》作補記，偏重在士的喪服制度的說明，並涉及宗法禮制的說明。

14.〈大傳〉：說明治理天下本於人道的義理，必須以「親親」為基礎，然後始可往外推展，並由此推論宗法以及服制等問題。

15.〈少儀〉：雜記與人交往時應該注意的行為規範，且以少事長、卑事尊的事類較多。

16.〈學記〉：敘述古代大學中的教育理論以及教學的目標、方法與成果，並檢討教學的得失與興廢的緣由。

17.〈樂記〉：從禮樂對世道人心的教化功能，說明禮樂不可偏廢的道理，更進而闡述音樂理論的內涵和意義。

18.〈雜記（上、下）〉：主要雜記諸侯以至於士的喪事，尤其以有關喪制的補充說明居多。

19.〈喪大記〉：記述諸侯、大夫與士等身分不同者的喪制，尤其精於器物方面的介紹。

20.〈祭法〉：記述有關祭祀天神、地祇與人鬼的禮數，並兼及宗廟制度的記載。

21.〈祭義〉：說明祭祀的義理及作用，並由此推論孝親敬長的道理。

22.〈祭統〉：說明祭祀的要旨，在於孝心的表現，並歸納祭祀有十倫，具有推行教化作用的現實意義。

23.〈經解〉：總述六經的宗旨及其得失，更進而說明禮為推行政治教化的關鍵。

24.〈哀公問〉：藉由哀公問禮、問政於孔子，說明為政先禮、禮為政教之本的道理。

25.〈仲尼燕居〉：敘述孔子為弟子講論禮對於社會政教的指導作用。

26.〈孔子閒居〉：記錄孔子與子夏的答問，並藉由抽象的精神內涵，闡述禮樂的特性與作用。

27.〈坊記〉：說明禮具有消極節制的作用，也就是經由事前的防範，可以降低過錯的發生，進而能建立行為準則，達到匡正人心之功用。

28.〈中庸〉：闡述中正平和的思想，並以此思想為最高的行為準則，也是修己治人最完美的目標，並且提出「至誠」為人生的最高境界。

29.〈表記〉：說明君子應該努力修持的目標，包括內在道德思想的涵養，以及外在儀表與言行處世的敬慎態度。

30.〈緇衣〉：說明君上教化百姓，必須以自身之道德為標榜，以德化民，才可達到國安民治的理想境界。

31.〈奔喪〉：記載士在外，得知親人亡故，由遠方匍匐奔喪的各種儀禮形式。

32.〈問喪〉：前半解釋士喪禮中居喪哭泣儀節的用意，並說明喪禮本乎人情而為之節制的作用。後半則以答問的方式，說明斂、袒免與用杖的道理。

33.〈服問〉：與〈喪服小記〉同類，對喪服的禮制作補記的工作。

34.〈閒傳〉：對居喪的情貌與服制的差等，作綜合性的敘述，特別注重人際間親疏遠近的差別，與服制輕重厚薄之間的相應關係。

35.〈三年問〉：說明喪期的設置各有長短不同，乃基於「稱情而立文」的道理，而作區分等差的服喪制度。

36.〈深衣〉：說明深衣的制度，及其必須應合規、矩、繩、權、衡五法的意義。

37.〈投壺〉：敘述主人與賓客宴飲時，講論才藝的投壺禮制。

38.〈儒行〉：藉由孔子與哀公的答問，從各種不同的角度，說明儒者所特有的、不同於凡俗的道德風範。

39.〈大學〉：闡述儒家由「明明德——親民——止於至善」的一貫大道，實踐身修而后國治、天下平的修為方法，而達到內聖外王的終極理想。全篇的體系完整，內容博大精深。

40.〈冠義〉：解釋士冠禮中部份儀節設置的用意，進而說明冠禮為成人之禮。舉行冠禮以後，就應當履行為人子、為人弟、為人臣、為人少的成人之道。

41.〈昏義〉：解釋士昏禮部份儀節設置的用意，進而說明昏禮的重要，更從要求成婦禮、明婦順的意義，顯示婚姻具有綿延家族、團結族群的社會政教作用。

42.〈鄉飲酒義〉：解釋〈鄉飲酒禮〉部份儀節設置的用意，進而說明藉由鄉飲酒禮，可以促進尊卑長幼懂得相互對待的功能，具有影響社會政教的作用。

43.〈射義〉：解釋〈射禮〉部份儀節設置的用意，進而說明由射禮可以觀德、由射禮更可以取士的道理。

44.〈燕義〉：解釋〈燕禮〉部份儀節設置的用意，進而說明藉由燕禮的進行，可以體認君臣一體、人和政通的氣氛，明瞭君臣等差之義。

45.〈聘義〉：解釋〈聘禮〉部份儀節設置的用意，進而說明舉行聘禮，可使諸侯之間的交相聘問更為注重輕財重禮的對待特性。

46.〈喪服四制〉：說明制定喪服所依據的恩、理、節、權四項原則，可以與仁、義、禮、知的常德相配。

三、《禮記》提供多元價值

明瞭《禮記》的性質與各篇概要以後，將可以發現《禮記》這部叢書之中隱藏著許多多元價值可供現代人自由選用。

由於「禮」具有指導生活規範、維繫社會秩序的功能，因而是傳統文化中影響人民生活以及意識型態最密切的項目。可惜因為時代湮遠，所以先秦時期最能表現禮制淵源的禮文資料，早已大部分失傳，到目前為止，所流傳下來比較完整的文獻，只有《儀禮》十七篇。然而這十七篇資料，博學如韓愈，尚且還以《儀禮》為最難讀，至於其他的人就更不用說了。因為其中所記載的資料，都是古代各種專禮進行時的程序紀錄，因此就算是能精通其儀節，但是由於時空的移轉，根本不可能再開歷史的倒車，而將古代的禮儀制度重現於現代。雖然如此，但是重要的，卻是要明瞭古代禮制何以能成為我傳統文化的主體思想，又何以能影響人心數千年？由於「三禮」的會通在於《禮記》，於是研讀《禮記》，就更可以掌握禮的精神價值。因此以下就分別述說研讀《禮記》的不同價值：

㈠明瞭儒家思想脫穎而出的道理

漢代以來，就一直尊奉儒家思想為中國學術文化的中心。當時號稱儒家經典的，雖有至今仍然流傳的「十三經」，然而從《周易》、《毛詩》、《尚書》、《周禮》、《儀禮》與《春秋》的三傳，卻無法直接明瞭儒家的學術思想，而必須依靠後代學者的闡述與發揮，才能得知儒家的部分思想。至於能以直接的方式陳述儒家學術思想的，則當推《論語》、《孟子》、《孝經》與《禮記》。由於《論語》

多為孔子與弟子的言談紀錄，因而其中所述的內容，較偏重於實際生活行為的實踐層面；至於《孟子》，則由於經常記錄孟子的滔滔雄辯，因而對於儒家的學術理論，也比較難有整體性的闡述；《孝經》雖然能有系統的闡發儒家注重孝道的思想特色，然而終究是僅重在一隅，而無法涵括儒家的整體思想。因此，比較之下，《禮記》所載有關儒家學術理論的直接說明，在儒家的代表經典中，要算是資料最豐富的了。因而要研究儒家的學術理論，《禮記》是非常重要的一部典籍。

再深入儒家思想的內涵與《禮記》的相關性，則可發現：儒家雖然以孔子為宗師，然而孔子的思想在歷經戰國的動盪與暴秦的破壞之後，而能從諸子百家中脫穎而出，成為中國文化的主流，除卻由於孔子的思想博大精深、蘊藏真理以外，更有賴於孟子、荀子自不同的向度以開發人性的內涵、闡明儒家的理想，才能奠定儒家牢不可破的學術地位，更有七十二弟子與後來的儒者繼續不斷的傳述，才能發揚光大孔子的思想。尤其是荀子的思想周密而嚴謹，因而從《荀子》的記載中，處處可以看見立論明確、條理井然的思想論述，對於儒家學術理論的闡發，實在功不可沒；更由於其強調以禮節情、注重群而合一的社會價值，因而對於儒家外王理想的實踐，又具有實際的貢獻。由於《禮記》屬於叢書，書中蒐羅廣泛，且以先秦儒者論述禮義思想為主，因而對於發揚人類理性、促進社會倫理以及實踐王道政治的理想，都有闡發之功，且多處與荀子的思想理論有關，可知《禮記》應為總結先秦儒家思想的重要典籍。難怪梁啟超要說：「欲知儒家根本思想及其蛻變之跡，則除《論語》、《孟子》、《荀子》外，最要者實為兩《禮記》。而《禮記》方面較多，故足供研究資料者亦較廣。」可知要明瞭先秦時期儒家思想的遺跡，《禮記》是最好的線索所在；要明瞭漢代以後儒家取得文化主流地位的理由，《禮記》更是最好的資料來源。

㈡明瞭聖人立禮的原意

聖人設立與推動禮儀制度，其主旨在於要求萬世之長治久安，因此〈經解〉要說：「夫禮，禁亂之所由生，猶坊止水之所自來也。故以舊坊為無所用而壞之者，必有水敗；以舊禮為無所用而去之者，必有亂患。」可知禮具有事先預防紛亂敗患發生的功用，倘若能身體力行「禮」的原則，將可以使社會安定、國家長治久安。然而由於時代各有異同，因此所施行的禮制也各有因革，所以夏、商、周三代的禮制，雖號稱一系相承，但是卻又各有損益，可見禮儀制度具有時代性，必須隨著時移事變而調整其中的內容。因此《周禮》與《儀禮》雖然記錄著國家的典章制度與社會的禮俗儀節，關係當時的禮儀制度內容，然而由於時代變遷，以致其儀文內容與後人的生活方式距離遙遠，本無必要加以重新恢復，然而聖人訂定禮制的道理與用意，卻是亙古不變的，因此〈郊特牲〉才要說：「禮之所尊，尊其義也。失其義，陳其數，祝史之事也。」可知禮之可貴，在於其中所蘊涵的義理，而不是它徒具形式的外在儀節，因此如何深入禮儀所蘊涵的義理，才是探討「禮」的根本重點，所以具有會通禮意作用的《禮記》，在探求禮義的地位上就愈形重要了。

從〈禮運〉、〈禮器〉、〈郊特牲〉、〈經解〉、〈哀公問〉、〈仲尼燕居〉等篇章中，可以明瞭儒家對於禮的大體主張。從〈孔子閒居〉、〈樂記〉、〈學記〉、〈大學〉、〈中庸〉、〈坊記〉、〈表記〉、〈緇衣〉、〈儒行〉等篇章，可以提煉儒家對於禮的學術理論。從〈檀弓〉、〈曾子問〉、〈喪服小記〉、〈雜記〉、〈喪大記〉、〈奔喪〉、〈問喪〉、〈服問〉、〈大傳〉、〈閒傳〉、〈三年問〉、〈喪服四制〉等專門記錄有關喪禮的篇章，可以凝聚聖人制定繁複儀節的用意。從〈祭法〉、〈祭義〉與〈祭統〉，可以明瞭制定祭禮的深意。從〈冠義〉、〈昏義〉、〈鄉飲酒義〉、〈射義〉、〈燕義〉、〈聘義〉等直接解釋《儀禮》各相關禮儀設置用意的篇章，更有助於掌握聖人制定專禮的用意所在。

㈢明瞭生活規範的意義以建立理想的人生

由於社會型態的急劇改變，要想保有適當的生活意識和理想已屬不易，至於要建立共同的社會價值觀與道德意識就更為困難了。追溯其中的根本原因，就在於家庭教育的瀕臨破產，年長的一輩不知道該以什麼來教導年輕的一代，無法提供適當的人生理想情境指引晚輩，因而導致現代的新新人類普遍缺乏正確的生活習慣，更少有健康合理的人生指標，處處表現容易衝動而不知自制、自私功利而不懂得關懷別人、追逐聲色享樂而不願辛勤耕耘等特質。

然而檢視《禮記》所記載的，如〈曲禮〉、〈文王世子〉、〈內則〉、〈少儀〉等篇，就記載有豐富的家庭教育資料；〈月令〉則能配合一年的節候變化，而做適當的事務規畫；〈王制〉更具有實施王道仁政的理想雛型；〈大學〉教人要以格物致知為客觀處事的基礎；〈中庸〉教人至誠可以盡性、可以參贊天地之化育的道理。可知小自瑣碎的日常生活行為規範、個人思想品格道德的培養，大而至於如何建立社會秩序與道德價值觀、如何訂定國家的體制規模，從《禮記》的篇章中，在在都有詳細的紀錄足供參考。由此可知《禮記》的內容包含有倫理學、社會學、政治學等層面，對於架構理想的人生境界、塑造合理的社會制度、建設良好的國家體制，都有不可磨滅的價值。

雖然古今的社會狀況已多有改變，然而對於基本的生活規範、行為準則、人生理想的確立、社會道德的建立、價值觀念的凝聚與國家的理想規模，儘管在枝節上會有所差異，然而人同此心、心同此理的根本義理，終究有其亙古不變的道理。要想重新發揮家庭教育的功能，協助個人達到理想的生命情境，《禮記》可以提供充足的資料。

四、開啓《禮記》的建議

面對這個包羅萬象且具有多元價值的甜蜜包袱，如何深入其中以吸取養分就是相當重要的。由於這個包袱相當大，因而在進入寶山之前，就應該講求一些步驟，以免不得其門而入，徒勞無功。

今本《禮記》大約有九萬多字，由於是叢書性質，因此各篇的體例不一，其中有長篇的論述文字，有一小段一小段的禮事記載或人物事蹟，也夾雜有上古以來民情風俗的紀錄。全書當中有的文字淺顯易懂，有的則較艱深冷僻，因此對於中學生或關心生命成長、茁壯，以至於想要開創理想人生的有心人士，在閱讀這樣駁雜的一本叢書時，我們建議能注意以下的要點：

㈠認識篇章要義，從易懂的篇章或性之所近的主題入手

閱讀任何一部書籍，首先將全文瀏覽一遍是必要的。但是由於《禮記》的原

文過長，其中且不免夾有艱深的內容，為恐一開始就造成許多挫折感，而降低繼續閱讀的心意，因此建議讀者參照上述各篇的內容簡介與性質分類，對全書的篇章要義有所認識，然後翻檢性之所近的篇目，借助章句訓詁文字的詮釋，對全文先有一個整體的了解，對於艱深難懂的片段，可以暫時略過。總要先對《禮記》產生興趣，願意時時去翻翻、讀讀，久而久之，原先難讀之處也可轉而成為容易，而中國文化的主體思想也可以在深潤浸漬、耳濡目染的經驗中，流入現代人的血脈，提供自我立身處世的衡量準則，樹立理想生命境界的參考標準，使傳統的文化在加入新生命、新血輪的努力後，能開發新契機，擔負起文化薪傳的神聖使命。因此不妨從〈曲禮〉與〈檀弓〉的古代生活狀況、民情風俗紀錄開始，不但可以增廣對於史實的了解，並且可以透過實際人物行禮各有得失的具體事例，進而理解當時的是非道德觀念，提供自我建立當今應有的是非道德觀念。

㈡配合人生的重要禮儀活動而探討其立禮的原意

任何禮文制度的設立，都有其設立的背景與需要，制定以後也必然有其特定的社會價值。儘管禮文的形式隨著時代的轉移而有所演變，有些甚至於會因為古老的形式僵化而廢棄不用，然而經由這些演變的軌跡可以理解聖人立禮的原意，歸納那些棄而不用的形式儀文，更可體會訂定禮制必須注重稱情、合時、明體的根本原則，從而可以發現禮對於人文世界的永恆價值。所以讀者對於專門闡述禮儀義理的篇章，要賦予特別的關注，因為從這些篇章，不但可以得知各種專禮的大體內容，更可以曉得其間某些細微儀節安排的用意，例如〈冠義〉以「冠而后服備」、「三加彌尊，加有成也」的用意，說明冠禮「三加」的原因；〈昏義〉以「合體同尊卑以親之」的說法，解釋「夫妻共牢而食、合巹而酳」的原因；〈問喪〉以孝子「哀親之在外，哀親之在土」的絲絲哀情，說明孝子在成壙而歸後，「居倚廬，寢苫、枕塊」的原因；〈祭義〉以人子有「霜露既降，君子履之，必有悽愴之心；春，雨露既濡，君子履之，必有怵惕之心，如將見之」的思親情懷，說明舉行四時祭禮的原因。透過諸如此類抽樣式的說明，可以啟發讀者閱讀本書時要求探索禮義的途徑，循此以往，就可透過思考與揣摩，逐漸掌握各項禮制儀節設置的原意，更進而明瞭「禮」對於維繫群體秩序、和諧社會發展、強化國家組織、創造生命更高的理想，都具有積極的價值。

㈢對照古代的生活規範以體驗社會規範的意義

一切的道德理想與生命價值，必須透過生活的實踐，才能呈現其中的意義，因此〈大學〉說：「自天子以至於庶人，壹是皆以修身為本。」即明確指出治國平天下的大道理，必須以修身為基礎，從日常生活的道德實踐中，以修養自身的品格，培養以德治人的能力，而可成就理想的價值世界。可知有關道德修養的做法，必須要與實際的生活體驗相印證、修正，從生活經驗的累積，思索生活規範的必要，明瞭建立社會規範的意義。而〈曲禮〉、〈文王世子〉、〈內則〉、與〈少儀〉等篇，對於日常生活的行為規範多有具體的紀錄，可供現代人做為誠意、正心、修身、齊家時的參考，使家庭教育的功能可以在社會上顯現出來，更進而期望能建設和諧的社會和富強康樂的國家。

第二篇

生 活 規 範

守規範有益生活

解約束寸步難行

規範的養成

辛勤鋪軌道
往來都方便

禮記

凡爲人子之禮，冬溫而夏凊（ㄐㄧㄥˋ），昏定而晨省，在醜（ㄔㄡˊ）夷不爭。

出必告，反必面，所遊必有常，所習必有業。

不登高，不臨深，不苟訾，不苟笑。

父母存，不許友以死，不有私財。

——〈曲禮上〉

註釋

冬溫而夏凊：冬天溫暖而夏天清涼。

昏定而晨省：晚上替父母鋪床安枕，清晨向父母請安問候。

醜夷：醜，通「儔（ㄔㄡˊ）」，代表同輩。夷爲「平」。醜夷指平輩的人。

不苟訾：不隨便譏笑批評別人。

人子之禮知多少

俗話說得好：「養兒方知父母恩。」要把小孩拉拔長大，父母必須耗費無限的心力，為了子女的安危幸福，更是處處擔驚受怕。因此為人子女的，在日常生活上，是否該多體貼一下父母的辛勞，多為父母著想，不因事小而有所疏忽？

如果我們不故作誇張，我們都會同意：生活本來就是由許多瑣碎細微的小事組合而成。由於它的瑣碎，因此有人會以為它繁複而難耐；由於它的細微，因此有人會認為它是支微末節而不必在意。在此有意、無意的輕忽之下，生活規範的養成就自然而然地日漸鬆弛，社會道德意識也隨之愈趨於模糊了。

當大家爭相指出「我們的社會病了，而且病得不輕」時，又有多少人能深入病象的根源，理解這個社會致病的原因？老子曾經痛切地說：「失道而後德，失德而後仁，失仁而後義，失義而後禮。」等而下之，當繼承「禮」之後興起的

「法」也喪失其應有的功能時，就難怪社會治安要敗壞到人心惶惶，人民要生活於恐懼不安之中了。然而「冰凍三尺，非一日之寒」，在中國人「馬虎」文化的積澱下，從不斷喊出「擺脫傳統禮教束縛」的口號中，古代聖賢所制定推行的「規範」，早已失去它應有的地位，不但「禮數」不見了，連「禮義」也陌生了，就因為「規範」的解體，難怪社會要呈現「無理」又「無禮」的狀態了。

〈曲禮〉中所記載的，多是一些日常生活中應該注意的規矩，和我們現代的生活仍然息息相關，可以提供現代人行為的規範。由於生活條件的改善，要實踐孝道，子女已不必在冬天時先行溫暖被褥，夏天也不必先搧涼了床蓆以後，再請父母就寢，然而為人子女的，能養成關心父母生活起居的習慣，當是培養親子感情最方便的方式，也是實踐人與人之間彼此關懷的開始。至於兄弟姊妹，倘若能和睦相處、不爭寵鬥嘴，就可以減少父母無謂的困擾，而增進家庭和樂的氣氛。尤其是身處這個複雜的社會中，綁票、撕票的案件頻傳，為人子女的更應該在出門前稟告父母，說明去處、同行的朋友以及回家的時間，以免父母擔心掛念，這種體貼親人的表現，就是最起碼的人子之禮。能時時想到父母對自己的關懷，於是在攀登高山、入水嬉戲時，就會自我警惕，提高危險意識，因而可以降低山難及溺斃等意外事件發生，減少一代白髮送黑髮的人間憾事；更可以緩和年輕人血氣方剛、容易衝動的性格，不會亂逞義氣，動輒要為朋友兩肋插刀；也會學習謹言慎行，不輕易譏評別人，免得引發紛爭，惹來殺身之禍。

在大家強烈抨擊社會風氣敗壞、治安惡劣的同時，如果能重新檢視這些古老的生活規範，謹慎評估實踐這些規範的價值，將可發現：從消極處而言，它具有化暴戾以致祥和之安定社會的功用；從積極處而言，它又具有增進家庭整體成員和諧共處的觸媒作用——它是人們可貴的護身符。

賢者狎而敬之，畏而愛之。愛而知其惡，憎而知其善。積而能散，安安而能遷。

——〈曲禮上〉

註釋

狎：親近、親附。

積：聚少成多。

安安而能遷：能安於可安的環境，也能看清即將來臨的後患而遷移環境。

成熟穩重的人格特質

一個人的人格特質，關係他一輩子的命運，也影響他一生的幸福！

雖然人生的路上崎嶇不平，但是一個成熟穩重的人，可以在顛沛流離的環境中屹立不搖，也可以在困頓蹇滯的局勢中毅然向前，更可以在人事複雜的往來交際中堅守處世的原則而穩定發展；其中的原因無他，就在於他心中有主、有定，因此能洞悉世事本無常，而不會受外在環境的迷惑；能區分賢與不肖的差別，而對之分別採取或親近或遠離的措施；更由於有明確的愛憎與好惡，因而不會有庸人自擾、作繭自縛的情事發生。

要區分賢與不肖困難嗎？要有明確的愛憎好惡容易嗎？我們只要觀察〈大學〉所舉：「人之有技，媢嫉以惡之；人之彥聖，而違之俾不通。」這類嫉妒賢能、不能容納賢能的常見事例，就可知一般人的心態所蔽了。只要反觀對於同一個人存在著「愛之，欲其生；惡之，欲其死」的矛盾情結，就可以知道愛憎好惡是多麼複雜而容易令人迷惑，難怪〈大學〉要說：「唯仁人為能愛人，能惡人」。

只有內心充滿仁德的人，才能清楚理解「仁」這個字「從二人」的道理，知道在這個世界上，不但有「己」，並且還有更多的「人」，因此不會唯我獨尊，也不會妄自尊大，更不會有己無人。由於深切知道人各有性，每個人的才德稟賦也都各有不同，因而不會嫉妒賢能的人，只要他人有一技之長、一德之善，都能自內心深處發出喜悅的感覺，樂意親近他、誠心敬畏他。一個仁人君子更不會以自己的好惡，而對他人妄貼標籤，雖有所愛，仍能看清他的弱點；雖有所憎，仍能看見他的美好層面，因此雖有愛憎好惡，胸中卻是清明毫無窒礙，而非無理性的情緒反應。

另外，執於「蓄積」與「有」的價值，是人之常情；耽於眼前的安逸而無法高瞻遠矚，更是人們普遍的弱點。因此，能懂得「消散」與「無」的功用，就是智慧的表現；能居安思危、有患則遷而不戀棧，就即是成熟的特徵。年輕人尤其要保有清純的特質，不要溺於蓄積貪婪，免得負重超過而壓垮自己；更不可只知瞻前而不知顧後，以免安逸生淫思、易放而難收。

在發展多元價值的現代社會中，尤其需要培養成熟穩重的人格特質，懂得尊重每個人的才德，與人相交，更要保有「淡則能遠」的體認，才不會由於彼此太過親近、愛膩而陷溺窒礙，無法明辨賢愚、分別美惡，於是一切由於無明而產生的過失罪惡，就會接踵而來，徒然使年輕人熱情純真、充滿活力、講求義氣的特殊稟性不但無法得到好的發揮，而且還會流於逞強衝動的盲目躁動。

父母有過，下氣怡色柔聲以諫。諫若不入，起敬起孝。說（ㄩㄝˋ），則復諫；不說，與其得罪於鄉黨州閭（ㄌㄩˊ），寧孰諫。父母怒不說，而撻之流血，不敢疾怨，起敬起孝。

——〈內則〉

註釋

說：同「悅」。

鄉黨州閭：二十五家為閭，四閭為族，五族為黨，五黨為州，五州為鄉。

寧孰諫：「孰」同「熟」。孰諫，指殷勤而諫。雖然犯顏而諫，會使父母不悅，然而其罪輕；如果畏懼不諫，使父母得罪於鄉里之間，則罪重；因此二者比較，寧可殷勤勸諫，庶幾乎可使父母免於罪。

向「不是的父母」說「是」

從社會上存在的過錯罪惡事例，很多是源於「長輩錯誤的示範」。這些事例已對「天下無不是的父母」之傳統說法構成強烈的反證。因此就客觀的事實而言，「天下有不是的父母」，是絕對不容置疑的。

置身在到處充斥著聲色犬馬等誘惑的現代社會中，只要稍一不慎，就無法把持自我，失足的程度，輕則犯錯，再則有過，甚至會身陷於罪，乃至於形成大惡，都是極有可能的。倘若從「人非聖賢，孰能無過」的立場來看，由於「父母也是人」，自然也就不會有「豁免」於過惡的「例外」。可知「天下無不是的父母」，不是就存在的事實而言，而是就為人子女者不能以「不是」的方法與態度面對父母的「不是」，也就是說，為人子女的，要對父母進諫，必須有適當的方法和態度，不可莽撞。

我們只要深入體味孔子對於「其父攘羊，而子證之」不以為「直」的看法，就可以知道即使面對父母有明顯的罪過，任何人都可以出場作證時，卻唯獨為人子女的不能成為「證人」，因為那樣太傷害親親之仁了！孔子甚且認為「父為子隱，子為父隱；直在其中矣！」這不是罔顧王法，而是父子的關係不同，因此子女對父母的罪過，有慇勤勸諫的責任，卻沒有出場舉證的義務；子女應當採取「以情動之，使之能改」的方式，而非「以法繩之，使之入獄服刑」的作法。

忠言自古本逆耳，平輩之間的勸諫尚且如此，對於長輩以及父母等關係親近的人，在態度與言辭上更要謹慎，否則諫諍的言辭更會讓人覺得刺耳難耐。為人子女的，應當輕聲下氣、態度親切地向父母勸諫，倘若父母感覺不悅，就該暫時停止勸諫，並且更加孝敬父母，等待父母態度稍微緩和，再行慇勤進諫，總要父母能反於正道，然後才敢停止勸諫。就算是招到父母鞭撻懲罰以至於皮破血流，也不起怨恨之心，仍然對父母親之、愛之、孝之、敬之，不敢稍有輕忽怠慢之心。如果子女的殷殷期盼能喚醒父母的沈溺，雖有皮肉之痛也是值得的。

子女犯錯，父母教誨訓斥子女是為子女著想；父母有過時，子女能進行勸諫更是對父母摯愛的表露。為人子女的，如果真能實踐勸諫父母之道，那麼天下將會減少許多「不是的父母」，也會降低許多「長輩錯誤的示範」，自然更會減低「上樑不正下樑歪」的「錯誤模仿」，那時，社會就更有理序可循了。

男女不雜坐，不同椸（ㄧˊ）枷，不同巾櫛（ㄐㄧㄝˊ），不親授。嫂叔不通問，諸母不漱裳。外言不入於梱（ㄎㄨㄣˇ），內言不出於梱。女子許嫁，纓（ㄧㄥ），非有大故，不入其門。姑、姊妹、女子，已嫁而反，兄弟弗與同席而坐，弗與同器而食。父子不同席。

——〈曲禮上〉

註釋

椸枷：衣架。

巾櫛：指洗面巾、浴巾、梳子、篦子之類的物品。

漱裳：洗滌下裳。

梱：亦作「閫」，指門檻。

纓：頸項上的裝飾，表示有所繫屬之意。

大故：嚴重的事變。

老祖宗的男女兩性觀

最近幾年來，由於男女關係不當而引發的社會問題日趨嚴重，因此兩性之間的問題已躍升為新聞的焦點，即使是中、小學的校園話題也無例外，而討論兩性關係的課程，更成為大學最熱門的科目，一時之間，兩性關係突然顯得格外重要起來。然而遺憾的是，這一波掀起的熱浪，似乎專重在「性」問題的討論，好像除了「性」以外，男女之間已沒有什麼更重要的問題可深究。但是，你可曾知道，老祖宗不但早已知道兩性關係的重要，而且還特別為此制定了一套男女生活的規範，使人能自別於禽獸，以防止男女的淫佚與混交！

看在現代人的眼裡，想必會有太多太多的人要說：都什麼時代了，還在說那些男女授受不親的話！然而，你若能深究制定這些瑣碎男女生活規範的背景，你將會對老祖宗的深謀遠慮肅然起敬。

你可知道：在人類社會型態尚未確定以父系為領導中心前，曾經歷一段母系氏族社會或二系交雜轉型的時期，在這個階段中，男女淫佚放恣的行為是極為司空見慣的事。然而由於人際關係日漸趨於複雜，因而由於男女淫佚放恣所引發的糾紛愈見嚴重，不但破壞家族倫理，而且造成社會動盪不安，甚至於還傷及國本。先知先覺者認為事態嚴重，所以不得不制定禮儀規範以矯治男女習於淫佚放恣的遺俗，於是從制定瑣碎細微的生活細節，凸顯男女有別的事實，以提醒男女之防不可不重的道理，避免重蹈男女淫佚之境而不自覺，因而訂定了許多男女應該嚴格遵守的規矩。

從《漢書》的記載，春秋時期，齊衛之地仍然盛行著母系社會遺留的淫佚風尚，國君淫於姊妹者不乏其人，齊桓公的姊妹不嫁者就有七人之多。齊地尚且有以長女不嫁，名為巫兒以為一家主祠的風俗。由於主持一家的祭祀，就是一家之主，然而不嫁，卻又有延續家族的責任，於是在當時民風普遍開放之下，女子淫佚放恣、隨意贅夫的風氣極盛。流風所及，不止齊衛之地如此，其他各國也多存在著男女淫佚放恣的風氣。這種母系社會的遺俗，在父系社會意識以及政治勢力的交互影響下，流弊叢生，影響所及，就不只是男女性伴侶及家庭成員不固定而已，而是伴隨著規模龐大的流血鬥爭，需要社會國家付出極高的代價，對於人類的理性、親情的維繫更造成相當嚴重的摧殘。在這種文化背景下，古代的聖賢當然要挺身而出，高聲呼籲男女必須嚴守各自的分際，以免重蹈覆轍而不自覺，於是古代男女有別的生活規範就非常重要了。

人，是一種很健忘的生物，對於悠久的歷史文化，常常覺得那是過時無用的東西而不知珍惜。當大家紛紛指責教育單位「性教育」繳白卷時，又有誰想過：三千年前的老祖宗，曾經怎樣規畫男女兩性關係？儘管它的模式不盡合於時宜，但是如果我們能多關懷祖宗智慧的財產，很多人間的遺憾與悲劇是不必重演的。

夫禮者，所以定親疏，決嫌疑，別同異，明是非也。道德仁義，非禮不成；教訓正俗，非禮不備；分爭辨訟，非禮不決。君臣上下、父子兄弟，非禮不定；宦學事師，非禮不親。班朝治軍，蒞官行法，非禮威嚴不行。禱祠祭祀，供給鬼神，非禮不誠不莊。是以君子恭敬撙（ㄗㄨㄣˇ）節退讓以明禮。是故聖人作，為禮以教人。使人以有禮，知自別於禽獸。

——〈曲禮上〉

註釋

班朝治軍：朝廷的職位品級以及軍隊的組織管理。

蒞官行法：到職任事以執行法令。

禱祠祭祀：有所祈求的祭禮為「禱」，酬謝神恩的祭禮為「祠」，「祭祀」為統稱。

撙節：《荀子．不苟》寫作「繜絀」，有自我謙抑之意。

禮的規範安可解

現代人一聽到「規範」，總覺得那是綁手綁腳的桎梏，於是紛紛要求「鬆綁」、尋求「解放」，總要去之而後快！然而，在人類的社會裡，「規範」真的沒有它容身之處嗎？真的都該丟入垃圾掩埋場嗎？當「規範」一旦解體，人真能活得平安幸福嗎？恐怕未必盡然！

人，是宇宙造化最偉大的傑作；人體的結構，更是一個完整而和諧的小宇宙。所以，人如果不自欺欺人的話，人存在的先決條件，就是人體內各部分的器官都各有其職掌，並與其他的身體組織形成嚴密的通道，而且必須遵循一定的途徑不斷地運轉，才可以持續每個機體組織的生命；同時，更必須與外在的大宇宙保持良好的關係並且維持和諧的脈動。因此，我們必須承認：每一存在的個體都無法擺脫特定「規範」的機制而存活。

從每個人的生理條件來看，一個人要活得自在舒服，絕對不能違反機體組織的運轉途徑，否則個體即會出現氣血逆流之不舒服、不協調的狀況。以此類推，不同的個體相接觸，當然就需要建立更複雜、更完備的運轉規則，才能使社會整體的運作順暢和諧。這種社會運轉的規則，就是合理的秩序規畫，也就是「禮」的規範；具有分別人際之間的親疏關係、判斷事情的是非嫌疑、明辨事物的同異、發明道理的曲直等作用，是維繫社會的必要措施。規範的形成，是由聖人衡量人情義理、配合天地的理序所制定而成的準則，更透過實地踐履，使抽象的道理和實際的生活相結合，以便締造一個有理有序的社會團體。

「禮」的規範，廣泛存在於與生活有關的各項行為準則中。諸如對於朝廷命官的品次規畫、部隊軍旅的組織管理、官員的任職執法，都需要有一定的行為準則，否則各主事者就會因為失去威嚴而無法貫徹公權力，以致不能使人信從，致使社會的各成員也無法享受群體組織對個人生活的便利。至於複雜的人際關係，更需要有一套標準以劃定彼此之間親疏遠近的關係，分清各自應盡的責任與義務。往來中所發生的紛爭辯訟，則不應純任口頭的議論，而應落實於禮義的裁決。對於道德仁義等抽象教化內容，更須有切實的行為表現，以便證驗這些抽象義理的效果。諸如此類的規範設計，都是人為的文飾，用以自別於全然受控於生理機制的禽獸。雖然規範會對個人增加一些自我限制，然而遵守這些限制，卻是避免由於不知自我節制而導致紛爭時的最好保障。

如果有人仍然要說這些規範都是綁人手腳的玩意兒，那麼我們將補充一句：有了這些縛綁手腳的裝備，我們可以活得更自在，不必擔心時時會頭破血流！

實踐規範的事例

念往昔風華　觀今日霞雲

晉獻公將殺其世子申生。……世子曰：「君謂我欲弒君也，天下豈有無父之國哉！吾何行如之？」使人辭於狐突曰：「申生有罪，不念伯氏之言也，以至於死。申生不敢愛其死，雖然，吾君老矣，子少，國家多難，伯氏不出而圖吾君？伯氏苟出而圖吾君，申生受賜而死。」再拜稽（ㄑㄧˇ）首，乃卒。是以爲恭世子也。

——〈檀弓上〉

註釋

伯氏：古代以排行稱人表示尊敬。由於狐突排行最長，因此尊稱伯氏。

圖吾君：圖爲「謀」之意。圖吾君就是幫我國君策劃。

稽首：喪禮中的拜禮，叩頭到地，停留許久，是最重的禮儀。

恭世子：「恭」是申生的謚（是）號（死後對其一生蓋棺論定的評價稱爲「謚號」。），說明他敬順事上的事實。「世子」是諸侯君位的繼承人。

唯命恭順不能稱孝

見色忘義的例子，史不絕書；後母戕害前妻之子的事實，更是古今多有；由於「君要臣死，臣不死不忠；父要子亡，子不亡不孝。」的觀念所造成的人間悲劇更不用說。申生之死，就是集合上述人間的遺憾而產生的人倫悲劇。申生勇於赴死，使晉國上下深受感動，於是以「恭」為他的諡號（原作「謚」，宋版印書後，誤植為「諡」），稱之為「恭世子」，意思是嘆息他雖是恭順守分的太子，然而卻不足以稱為孝子。因為申生一味地恭順父親的命令，卻已明顯地陷父親於不慈、不仁、不義之大惡，所以不能稱孝。

面對此一歷史上的人倫悲劇，當然有很多值得深思之處：

晉獻公是不懂得歷史的教訓，然而又有多少人懂得歷史教育的價值？

史書上早有三代季王如出一轍的滅亡記載：夏桀攻打有施，於是有施人進獻美女妹喜，然而夏王朝卻因桀之寵愛妹喜而亡。殷辛攻打有蘇，有蘇氏進獻妲己，後來也因辛之寵愛妲己而亡。周幽王受攻打有褒，褒人也進獻美女褒姒，然而也因為受之寵愛褒姒而逐太子，終於導致禍國亡周的結局。在血淚斑斑的史實中，獻公不但不能以為借鑒，甚且有過之而無不及，聽信驪姬讒言，而致世子於死地，結集傷於慈、害於仁、違於義三者在一身，實在不堪為人君，也不配為人父！

晉獻公是不懂得歷史教育的價值，然而後代又有多少「晉獻公」而不自覺？面對狐媚蠱惑，又有多少人能不雌伏？有誰能分得清今夕是何夕？還有多少人能瞭然父子親情該如何、君臣之義又怎樣？當然就更遑論師生之情、朋友之交了！請多看看歷史的鏡子，仔仔細細端詳鏡中的一切，更要多多注意鏡外的人事物，想想是否你我正在重蹈那些後塵！當狐媚之色現於前，你能勇敢地、堅定地向他說：「不！」時，你才算真正懂得歷史教育的價值，才算吸取了歷史的智慧！

申生的愚忠、愚恭不值得鼓勵！

忠與恭，固然可稱為人類的美德，然而當它加上了「愚」，就不值得鼓勵，也不再是美德了。一個忠於國家的臣子，要盡心盡力為國家圖謀發展，而不是只知無怨無悔、甘之如飴地遵從君王糊塗地「賜死」。申生明知君王年老、寵子年少、國家多難，然而卻未曾善盡人臣忠言直諫的責任，更未實踐人子慇勤勸諫的義務，聽憑君父一再陷溺，既非孝、更非忠；而且以世子地位之尊、與君王關係之親，尚且不免於受讒言所害，就算狐突能出而圖謀晉國之政，又能希求挽回什麼危險局勢？不能忍辱負重以力挽狂瀾，只是徒然「受賜而死」，雖說是恭順父命，卻也只能成就「愚恭」之實，不但無濟於事，而且陷父親於昏君大惡之名，不足為取！想想，人子面對父親因怒而施罰，若是小箠，當然應該恭順地接受笞打，倘若是大杖，尚且還必須逃，何況是因讒而賜死！申生不知逃也不知避，更不知選擇適當的時機對父親說明原委，並慇勤地進諫，最當引以為後世戒！

舅犯曰：「孺子其辭焉；喪人無寶，仁親以為寶。父死之謂何？又因以為利，而天下其孰能說之？孺子其辭焉。」……穆公曰：「仁夫公子重耳！夫稽顙而不拜，則未為後也，故不成拜；哭而起，則愛父也；起而不私，則遠利也」。

——〈檀弓下〉

註釋

喪人：逃亡在外的人。
父死之謂何：父親死亡是何等重大的凶禍之事！
稽顙：孝子在父喪時叩頭至地的跪禮。
不拜：喪禮中，行叩頭的跪禮後，如果不是家族的繼承人，就不能像主人一樣地拜謝弔喪者。
不私：不和使者私自談話。

喪人以仁親爲寶

在現代的社會新聞裡，尤其是富商巨賈，身死而不得葬，子女為爭奪財產而兄弟鬩牆的事時有所聞，而眾多有權繼承的人請求法院判定遺囑真假的案例也所在多有。現代是如此，古代又如何呢？

當舊君去世、新君繼位的關鍵時刻，政局不穩、君位繼承不明的國家，往往會出現親死不葬、眾子爭立、權利搶奪的醜事，而能不能得到君位、獲得權柄，就在於誰能掌握這個最佳時機了。所以，要觀察一個人的居心如何，在這親死而紛亂不斷的關鍵時刻，是最容易一目瞭然的。從重耳、夷吾居喪的不同表現，就可以得到很好的說明。

當初，在驪姬策劃奪權之下，不但申生受死，公子重耳與夷吾也因而出亡於外，因此當獻公死亡時，兩位公子都流亡在外，無法返國。然而秦穆公派使者分別弔唁重耳與夷吾時，卻得到不同的反應。不過，從他們兄弟二人實踐「禮」所採取的態度以及方式的不同，卻足以提供後世做為行為實踐的參考。

父親去世，而人子逃亡在外，無法回國在父親靈前參與哭泣的行列，是最令人感到悲傷無奈的。對於一個流落異鄉、舉目無親的人而言，再也沒有什麼會比對親人長久保持思慕和懷念更值得珍貴的了，因此人子除卻靜默地為父守喪外，實在不宜有趁機回國爭奪君位的企圖。於是重耳遵守孝子為父守喪的禮節，雖然接受弔唁，但是只有稽顙叩頭而不答拜，代表不敢以家族的繼承人、君位的接替者自居，只是不斷地悲哀哭泣，久久才能起來，可知他雖然流亡外地，對於父親仍然懷有真摯的愛心。起來之後，並沒有再和秦穆公派來的使者交談，明白表示他在守喪期間對重大利益沒有商談的意圖。從重耳為父守喪的情形，可知他具有仁親、重孝、不汲汲於利的美德，雖然一時喪失繼承君位的機會，但是輾轉多年之後，重耳不但成為晉國的君主，受到人民愛戴，還使晉國擁有春秋霸主的地位將近百年之久。

反觀夷吾就不然了！秦國使者對夷吾傳達相同的訊息，然而夷吾的表現就和重耳大為不同，不但以家族的繼承人自居，正式答拜弔喪者，起來之後不但不哭，還和來使私下交談，並且商定割讓外城，以交換秦國護送自己返國繼承君位的條件。雖然夷吾如願地成為晉惠公，然而當惠公入主晉國之後，不但背棄他先前對秦的承諾，而且還殺害國內重臣，晉國仍然不得安治。

從一個人對禮儀實踐的態度，可以深察他是否具有仁心仁德，也可以推想他處世接物的原則，足以做為觀察人品時的重要依據，重耳與夷吾的事例就是很好的對照。

杜蕢（ㄎㄨㄟˋ）曰：「子卯不樂。知悼子在堂，斯其為子卯也大矣；曠也，大師也，不以詔，是以飲之也。……調也，君之褻臣也，為一飲一食，亡君之疾，是以飲之也。……蕢也，宰夫也。非刀匕是共，又敢與（ㄩˋ）知防，是以飲之也。」平公曰：「寡人亦有過焉，酌而飲寡人。」杜蕢洗而揚觶（ㄓˋ）……至于今，既畢獻，斯揚觶，謂之「杜舉」。

——〈檀弓下〉

註釋

子卯不樂：殷紂在甲子日自焚而死，夏桀在乙卯被放逐，所以後來的王者都以甲子、乙卯為忌日，當天不奏樂，藉以自我警惕。

亡君之疾：亡為「忘」。亡君之疾，意指忘記國君的過失。

與知防：「與」為「參與」。「防」為防閑的諫諍。

誰該喝罰酒

當我們聽到：「你不要敬酒不喝，喝罰酒！」時，雖然不知道兩人喝酒談話的內容如何，然而可以確定的，是接下來的酒都不會好喝，不是酒的味道變難喝了，而是氣氛不對了。當賓主盡歡、彼此相敬而飲時，不用說，氣氛自然是輕鬆愉快的；或者因為以遊戲助興的緣故，於是輸的人就喝罰酒，這時雖然喝的是罰酒，但是氣氛卻也是融洽而有趣的。但是除此之外，要讓人自願樂意地喝罰酒，恐怕還有點困難呢！尤其遇上沒好氣地命令喝罰酒，感覺更不好受。然而杜蕢罰人喝酒，不但人人都接受了，甚至連晉平公都自願被罰一杯，還真有點文章呢！直到現在，凡是獻酒之後，還有高舉酒杯的動作，稱做「杜舉」，成為對這件事永遠的紀念。杜蕢罰人喝酒，人人心服，就在於他罰人罰得合情合理，因此連晉平公都自願受罰，尤其他罰人不忘罰己，更可以顯現他知禮守分的精神、實踐禮儀規範的決心和毅力。

古代，除非有特別事故，否則天天演奏音樂是正常的，然而子、卯二日卻不奏樂，就在於要特別警惕後世，不可以像桀、紂一樣地飲酒作樂毫無節制，以免又步上桀、紂的後塵。對於甲子之日殷紂自焚、乙卯之日夏桀被放的歷史陳跡，尚且有不宜奏樂的禁忌，所以碰上國內大臣死而未葬的情況，比起子卯二日的禁忌就更嚴重了，而身為國君的，竟然飲酒奏樂，實在太不合情理。曠是掌管音樂的大師，不但應該深切瞭解子、卯不奏樂的道理，更應該明瞭有喪則不奏樂的理由，明明知道有喪則不樂，卻不能告知國君，就是疏於職守，所以應該罰酒。至於國君的近臣，本該有規勸國君過失的責任，然而卻因為膩於吃喝玩樂，而不曾規諫，所以也該罰酒。至於杜蕢本身，則由於所做的事超越自己身為宰夫的職權，干預到勸諫防過的大事，有僭越的過失，因此也該受罰。平公忘記大臣之喪，仍然飲酒作樂，已經是不合情理了，又未曾養成國君有過而能使大臣勇於進諫的習慣，因此也自覺有過失，而自願接受罰酒。

在這一連串的罰酒事件中，最值得稱道的，當屬杜蕢的罰人不忘罰己與平公的自願請罰。因為就常情而論，能看清別人處世接物的不合情理，應該接受懲罰，是比較容易的，而且在處罰別人時，還會覺得理所當然。但是，輪到反觀自己是否也有犯錯、也該受罰時，就常常缺乏自知之明了；杜蕢則不然，這是他值得他人敬佩的特點。尤其杜蕢選擇讓有過失的人喝罰酒的處罰方式，更能顯出他的機智與可愛。晉平公能體會也能接受宰夫的規諫，並且能勇於承認過失，實在堪為人君之風範。除此之外，平公還能吩咐侍者，縱使到他死亡，仍然不可廢除獻酒之後高舉酒杯的儀式，以便留給後世永遠的借鑒，更是難能可貴。

趙文子與叔譽觀乎九原。文子曰：「死者如可作也，吾誰與歸？」叔譽曰：「其陽處父乎？」文子曰：「行并植於晉國，不沒其身，其知不足稱也。」「其舅犯乎？」文子曰：「見利不顧其君，其仁不足稱也。我則隨武子乎！利其君不忘其身，謀其身不遺其友。」晉人謂文子知人。

——〈檀弓下〉

註釋

九原：晉國卿大夫的墓地。

作：起，代表復活之意。

歸：歸向、跟從。

幷植：并，身兼多事而專權。植，剛強自立。

活死人的生命典範

已經死去的人雖然不能再活過來，然而他的生命史卻可以提供後人做為生命的典範或借鑒，這種人雖然不免仍為死人，然而卻是不折不扣的「活死人」呢！在晉國眾多的「活死人」中，究竟誰最足以成為我們的生命典範，以下就讓文子點名評論吧：

陽處父：大家都認為他才智很高，但是文子認為他喜歡攬權，而且常常因為自恃才智高人一等而剛愎自用。由於得罪了很多人，結果是不得善終，所以不能稱為「智」。

舅犯：跟隨晉文公在外逃亡十九年，大家認為他是仁厚的君子，但是文子認為他在晉文公最需要幫助的時候，卻要求離開，明明是抓住最適當的時機，藉以取得自己的利益，而不顧君主的死活，不堪稱為仁厚的君子。

隨武子：文子認為隨武子無論才智或仁德都高人一等，是個了不起的人物。一般的臣下常常因為對君主表示盡忠，而奮不顧身，即使是犧牲性命，也在所不惜，卻不知道犧牲自己的同時，也損傷了國家寶貴的人才。隨武子則不然，他不但能盡忠職守，處事要求對國家、國君有利，同時他又懂得保護自己，也不會忘記保護朋友。隨武子一生當中，沒有遭遇過任何災害，因此他的才智與仁厚都值得稱道。

趙文子對於晉國大夫的評論，晉國人都認為文子的眼光正確、懂得看人，能深入了解每個人的長處和短處。

至於趙文子本人，他的身材十分柔弱，平常也不喜愛說話，就算說話了，聲音也非常微弱，然而他所說的話卻十分中肯，他所推舉的人，國君沒有不加重用的，可見他觀察人很細膩，識人的本事也很高強，並且能為國家提拔人才，更沒有因此而向國君邀功領賞，實在難能可貴。對於文子所提拔的人，在他活著的時候，不曾向他們求取報答，即使到死，也不曾交代那些被提拔的人要多照顧、提拔自己的孩子。可見文子處事公正廉潔，能嚴於取捨，只要是人才，能對國家有利，都能大力推薦舉用，並且公私分明，不取不當的利益，懂得嚴守該有的分寸，是個不可多得的君子。

面對眾多的歷史人物，如果能從他們走過的歷史遺跡中，理解個人得失成敗的原因，並且能藉此以尋找理想的生命典範，來塑造自我學習仿效的榜樣，就能使自我的生命更加鮮活，生命的內涵更為充實。看了那麼多不同的人物特性，你願意擁有哪些特質？又希望把自己塑造成怎樣的典型？

第三篇

生命禮儀

生老病死轉頭過

冠昏喪祭譜人生

冠禮

般般期盼許

戴冠禮堂皇

冠而后服備，服備而后容體正、顏色齊、辭令順。故曰：冠者，禮之始也。

——〈冠義〉

註釋

備：完備。

容體正：容貌整潔、體態端正。

顏色齊：儀表態度端莊。

辭令順：言辭謙恭柔順。

脫胎換骨著禮服

衣服裝飾具有烘托身分的作用。一個人如果穿戴整齊，就會比較知道應該注意自己的儀表風度，同時在言語辭令與舉止行動上，也更懂得自我約束，而不敢隨隨便便了。在古代，對於衣服的穿著，隨著個人身分的不同，而有一定的限制和習慣。未成年的孩子通稱為童子，習慣上穿著帶有不同色彩的「彩衣」。一旦年滿二十歲，舉行加冠典禮之後，就脫去彩衣，而改換穿著成人正式的衣服，表示已經脫胎換骨、長大成人。由於已經不再是小孩子，所以必須要有成年人的裝束與架勢，因此適當的禮服就也是起碼的配備了。

舉行了冠禮，就正式走入成人的世界，可以開始從事各種社交活動。由於活動的場合以及所從事的內容都不同，因此必須有適合不同場合穿著的服裝。冠禮當天，就為成年人準備了三套正式的禮服，讓他能在日後有適當的穿著。穿上新禮服，代表人生新階段的開始，不能再像以前一樣老是充滿小孩子氣；而且由於穿著正式而體面的裝扮，因而感到和以往大相不同，於是意識到必須收斂、約束自己，隨時注意自己的儀表風度要恰當，舉動言行要端莊而合於禮，與人交談更要注意言辭謙恭、態度柔順，處處要求自尊自愛，以切合成人的身分。至於在別人的眼光裡，由於自己已經是成年人，所以外界也相對地對自己更為尊重和禮遇，如此一來，社會上的各種人際往來就更為有禮而融洽。由於一定要先為成年的孩子舉行冠禮之後，才可以再行要求其他的禮節，因而冠禮是一切禮儀的開始。

佛要金裝，人要衣裝；一套適合身分及場合穿著的裝扮，可以更恰如其分地凸顯個人的風度與氣質。雖然由於西風東漸，在強調自由開放的風氣下，古代依照所屬的階級而各有固定服飾的制度早已不復留存，然而如何在不同的場合穿著合適的服裝，不但是注重禮貌的表現，也是個人教養程度的最好說明，更是進入禮儀世界的第一道門檻。

你是否想過：自己的裝扮能表現自己的特質嗎？尤其是在你年滿二十歲的特殊日子裡，當你成為法定的成年人，準備向青澀、童稚的時期揮手道別時，家人或你自己，是否為自己準備一襲不同於往常的打扮？當你穿上那套具有象徵意義的服裝時，你是否輕輕地告訴自己：我不再是不懂事的小孩子了，我會更謹慎做事，也會收斂自己放蕩不羈的習氣，更要自尊自重、恭敬待人，培養雍容和宛的氣度。

三加彌尊，加有成也。

——〈冠義〉

註釋

三加：三次加冠。第一次所加之冠爲緇布冠，第二次皮弁，第三次爵弁。

彌：更。

加有成：「加」爲嘉勉、期許的意思。加有成，就是期許成年人日後能有所成就。

「三加」彌尊涵義深遠

冠禮的主要節目，就是為成年的孩子準備三套正式的禮服，讓他日後能有適合各種不同場合的穿著。由於古代成人的服裝，是衣裳和冠冕配合成套的，而且以冠為至尊，因此成年的孩子，先自行穿好一套套的禮服，然後再由特別請來的來賓，一次又一次地鼓勵、祝福這個孩子，期許孩子將來能有所成就，並且在祝福、勉勵之後，替成年的孩子正式進行加冠戴弁的典禮。加冠的儀式，前後共計三次，第一次先加緇布冠，第二次加皮弁，第三次加爵弁，所加的冠，一次比一次貴重，所包含的意義，一次比一次深遠。

戴上第一頂緇布冠前，特別來賓先祝福孩子已經成年，並且勉勵他要收拾起幼稚的童心，從此以後要按照成人的觀念和標準行事，一切的言語行為都必須自行負責，然後為孩子加冠，正式授與「士」的身分，開始具有貴族「治人」的權利。

戴上第二頂皮弁前，特別來賓再行勉勵孩子要莊重自己的威儀、修養自己的德性，然後為孩子戴上白鹿皮製成的禮冠，以便從事狩獵或戰鬥時穿戴。戴上皮弁，代表成年人從此有經略四方、參與軍事活動與捍衛國家的責任。期許成年人注重威儀、修養德性，就在於告訴年輕人，真正的武德，不在於趕盡殺絕、置對方於死地，而在於能表現仁德，從網開一面的行動，實踐珍重生命的意義。

戴上第三頂爵（通「雀」）弁前，特別來賓再行祝福孩子健康長壽，期許成年人懂得尊重生生之情，然後為孩子戴上代表祭祀的爵弁，從此有在宗廟參與祭祀的權利，藉此還可以深切體認生命薪傳的歷史承擔。更由於爵弁本為大夫以上的服備，士只能在參與祭祀或其他特殊的場合才能穿著，因此具有勉勵年輕人奮勉向上、力爭上游的激勵作用。

三加彌尊，代表士自從被正式賦予貴族的身分以後，就開始具有管理轄區內庶人的職責，也有參與軍事行動，以盡開疆闢土的使命，並且由於參與宗廟祭祀，而能突破時空限制，容易與祖先的精神感通，因此能體認生命的意義，在於串連生生不息的每一個體，藉以使這條生命的長流能傳諸久遠、流之淵深。

選擇黃道吉日，為年輕人舉行莊嚴隆重的加冠典禮，可以使當事人深深體會家族使命代代相傳的意義。尤其是穿戴整齊以後，面對平日自己尊崇仰慕的長輩親臨會場為自己加冠祝福、教誨鼓勵，不但是成長過程中難得的體驗，更是自我惕勵、奮勉向前的最佳原動力。今天年輕的一代，是否也曾在進入成人的重要階段時，安排一些意義深長的儀式活動？更對自己的生命遠景做一番深深地期許？

已冠而字之，成人之道也。——〈冠義〉

冠而字之，敬其名也。——〈郊特牲〉

註釋

已冠：加冠典禮之後。
字之：爲剛舉行完冠禮的成年人取「字」（第二個「名」）。
道：途徑、方法。

以字代名搖身一變

古代男子年滿二十，家裡就會謹慎地選擇黃道吉日，為他舉行莊嚴隆重的加冠典禮，以慶賀年輕人正式走入成人的世界。當加冠之禮完畢以後，更由擔任加冠典禮的特別來賓，為剛進入成人世界的年輕人取「字」，使他能順利地進入成人的社會。古代，取「字」，是一項非常特殊而重要的儀節。即使到了現代，雖然「字」不能成為一個人在法律上的代稱，但是很多人（尤其是社會地位較高者）仍然在「名」之外另有所謂的「字」，而且在社交的場合中，彼此還以「字」代「名」，可知從古以來，取「字」必然具有深遠的意義。

「名」與「字」最簡單的分別，就是「名」為初生時父母所取，至於「字」則為行冠禮當天，由擔任加冠的人依據與「名」相關的原則所取的，因此「字」可以說是第二個「名」。既然「字」是由「名」衍生而來，且由於「名」為父母所賜給的，可知「名」比「字」重要得多。由於「名」的重要，因而在任何正式的場合，都應該自我稱「名」，以確實地介紹自己；在尊長之前，更應該自稱其名，以表示恭敬珍重己名之意。對於每個人最重要、最珍重的代稱，由自己加以表白，可以顯示自我謹慎誠敬之意，但是如果反過來，自己的「名」倘若由別人呼來喚去地叫個沒停，感覺上就不怎麼誠謹恭敬了（除非是非常親暱的朋友，即使稱呼他綽號也不在意），於是在各種社交場合時，就需要在本名之外，另外有個足以表示禮敬的代稱，以便別人需要稱呼自己時可以使用，因此選擇舉行冠禮之後，特別為他取「字」，成為第二個「名」，便於他人稱呼。

冠禮，就是成年之禮，是個人進入社會的入會儀式。「冠而字之」，就是入會的關卡，便於在各種交際往來之中，彼此可以很有禮貌地、很恭敬地互相稱呼，以別於童年時期大家直呼自己之名的習慣。由於別人對於自己的禮敬，於是每個人都會樂於自我檢點約束，努力表現成年人應有的儀表風度。也就是透過「取字代名」的社會化模式，強化、聖化稱人以「字」對於對方的期許，更由於「名」與「字」的彼此相關、互為對應，因而稱人以「字」，還可以珍重父母所賜的「名」，不使外人有事沒事地大呼小叫自己的「名」，而達到「敬其名」的效果。

現在的社會中，雖然取「字」已不再像以前那樣普遍，以「字」相稱的，多半只存在於年長一輩或研究傳統人文學術之士的相互往來中，至於一般人彼此的稱呼，則大都偏向於直呼其名的方式，然而如果能在彼此稱呼時，加上個適當的敬稱，也可以使人感到別人對自己的禮敬之意，相對地，也會使自己感到必須要自尊自重，而不至於凡事隨隨便便，行為放蕩、舉止粗魯了。想想，人生難道不是由於這一連串的「意義」賦予，然後才使單調的自然生命添加上無數的色彩，成為創造社會價值生命的原動力嗎？

成人之者，將責成人禮焉也。責成人禮焉者，將責爲人子、爲人弟、爲人臣、爲人少者之禮行焉。

——〈冠義〉

註釋

成人之：成就他，使其能成爲一個名符其實的成人。

責：要求。

為人少者：年紀較輕者，也可以是晚輩。

成長與責任的平衡

你是否想過：成長的意義是什麼？你是否覺得它代表：我長大了，可以不必再受到長輩的管教約束了！我自由了、解放了、獨立自主了！只要我高興，有什麼不可以？如果，你覺得成長只是自由奔放、隨心所欲的代名詞，那麼，很不幸地，你所謂的「成長」，其實是標準的「負成長」與「反成長」！這話怎麼說呢？要說「隨心所欲」，哪個人不會？你只要看看今天的社會，不就是由於太多人專門懂得「隨心所欲」，而造成社會的動亂與不安嗎？所以，「隨心所欲」人人都會，沒什麼了不起，重要而且了不起的，在於後半句話「不踰矩」！假如你真能做到「隨心所欲」，而且能夠「不踰矩」時，那麼，這將是一件可喜可賀的事，因為你不但成長了，也的確是成熟了！

我們常常覺得我們比以前的人文明，然而你是否知道那些我們意識中「不怎麼文明」的民族，他們是如何賦予成年的關鍵時刻以特殊的意義？從氏族社會開始，人們早已意識到「成年」具有特殊的意義，因為它意謂著責任的承擔，所以認定只有通過成年禮的人，才被認定為成年人，才有足夠的能力剋盡人生沈重的義務，也才能享受成年人的權利。因此成年禮的舉行，就在於藉由一連串的儀式活動，考驗年輕人的各項能力，看看他們身心是否成熟、是否有足夠的體魄與膽識解決周遭環境的困逆，因而有很多民族採取操弄身體的方式，例如經由紋身、刺字、割體、鞭打、飢餓受凍、烈日曝曬等較原始的體能考驗，告訴即將進入成人社會的年輕人，生命的旅途到處充滿荊棘，因此成年人必須通過嚴格的考驗，才能確定他具有忍辱負重的能力，能勇於突破外在的困阨，履行對家族與社會的責任。雖然這種身體考驗的方式，似乎有些「過於嚴厲」，然而它的用意卻是清楚而明白，同時由於它的方式十分具體，因而更具有磨練毅力、鍛鍊堅強意志的作用，對於應付人生的橫逆，具有積極的助力。

對照古代冠禮的進行方式和上述氏族社會成年禮的實施內容，我國古代冠禮的儀式的確是「文明」多了，已經沒有操弄身體的原始儀式，而代之以抽象的象徵意義為主，然而對於生命責任的承擔，則是亙古以來共同的追求，不曾或改！

因此設計冠禮儀式的進行，它的主要目的，就在於造就一個人成為真正的成人，要求他能遵行實踐成人應有的禮。所謂成人應有的禮，具體而言，就是要切實實踐：為人子的當能盡孝、為人弟的當能盡悌、為人臣的當能盡忠、為人少的當能恭順等為人處世的根本原理。能夠如此，才是一個真正成熟的成年人，才有能力服務社會，也才有資格管理別人，這才是真正的「成長」！唯有當成長與責任取得了適當的平衡點，人們才能告別野蠻而進入文明的領域！

昏禮

男女合兩姓　樂得家道成

男女無媒不交，無幣不相見，恐男女之無別也。以此坊民，民猶有自獻其身。《詩》云：「……取妻如之何？匪媒不得。……取妻如之何？必告父母」。

——〈坊記〉

註釋

幣：古代結婚共有六禮，其中第四禮為「納徵」，「徵」有「成」的意思，代表婚事進行到此，已到成功的階段，因此由男方準備禮物行聘，相當於現在的訂婚禮儀。由於納徵禮中，男方有「幣帛」相贈，因此春秋時期稱此「納徵」之禮為「納幣」。

匪：非、無。

自獻其身：指未經過結婚的六個階段儀式而私奔者。

締結婚姻的橋樑

飲食男女本為人類天賦的本能，如果不能建立一套制度，則男女侵瀆、混交淫佚的事件必然不在少數，不但無法發展穩定的群體生活，也無法建立正常的人倫關係，因此有必要透過社會群體的力量，訂定適當的婚姻制度。由此可知結婚是一種社會行為，必須經由社會認可的方式與程序進行。我國最晚從周代以來，當締結婚姻時，就必須由媒人居中撮合，做為溝通男女兩家意見的橋樑。

媒人的角色，具有斟酌考慮男女兩家的各種條件，以謀合門當戶對的二姓之婚姻關係，而締結美滿姻緣的任務。在《周禮・地官》中，就設有「媒氏」的官職，掌管國中有關男女婚嫁的事宜。倘若男子年滿三十、女子年滿二十而尚未嫁娶者，媒氏就根據紀錄加以催促，或者設法加以撮合，對於消除曠男怨女，幫助有情人成為眷屬，以及維持人類適時地進行繁衍，都扮演了相當分量的地位。因而在古代結婚的六禮中，每一個環節都需要媒人的聯絡與協調。

商、周時期，正處於母系社會與父系社會的轉型期，因此母系社會普遍存在的男女混交、淫佚放恣的遺俗尚未消失。雖然到了春秋時期，齊、衛之地的淫風仍然盛行，君而淫於姊妹者不乏其人，齊桓公時姊妹不嫁的就有七人之多。至於魯國，魯桓公之妻文姜與其兄齊襄公私通，因此桓公憤而怒責文姜。不料，齊國竟然假借酒宴之機會灌醉桓公，致使桓公摔死於彭生所駕之馬車下。另外，還有魯莊公娶於哀姜而無子。哀姜竟然與莊公之庶弟慶父、牙淫通，並且設法於莊公病危之時謀篡君位。雖然有季友之力挽全局，致使篡位不成，然而也導致魯國的內亂，更使季友徒然背負以毒酒藥飲公子牙的惡名。至於周王室方面，周襄王因為怒廢與其庶弟私通的隗后，竟然釀成頹叔桃子召舉狄師大舉伐周，而天王出奔於鄭的糗事。諸如此類由於不正常的男女關係所引發的政治動亂，往往伴隨了規模龐大的流血鬥爭，需要社會付出極高的代價，並且對人性與親情造成無法彌補的傷害。有鑑於這些既存的缺失，於是聖人思索救偏補弊之道，因而訂定嚴男女之防為主要對策，加強界分男女，以防止淫亂事件再度流行，免得製造社會問題、動搖國本。在這種狀況下，由媒人在昏禮中扮演撮合與協調的角色就更為重要了。

為了要穩定社會倫理，和諧男女關係，因此男女儘管兩情相悅，但是男婚女嫁，則必定要告知父母，徵求父母的意見，並且由男方委託媒人居中協調撮合，依循昏禮敬慎重正的程序，再正式禮聘、迎娶女方為妻。倘若不經過父母同意，不等媒人的說合，彼此鑽個小洞互相偷看，還跳過牆去跟人相好，就算是父母或是所有的人們都會看不起這些人的。這正是《孟子》所說的「不待父母之命，媒妁之言，鑽穴隙相窺，踰牆相從，則父母國人皆賤之。」因為婚姻不是兒戲，不同於禽獸的嬉戲逗樂與牝牡媾和，更不只是男女兩個人的事，而是兩個家族的結合，所以更需要雙方謹慎從事，以使婚事能趨於圓滿。目前由於男女性關係的開放，已經製造了許多未婚懷孕、墮胎、外遇等感情糾紛與社會倫理道德問題。讓我們理智地面對歷史的鏡子，仔細端詳鏡裡鏡外又有何差別？我們又該選擇何種結合的方式呢？

是以古者婦人先嫁三月，祖禰（ㄋㄧˇ）未毀，教于公宮；祖禰既毀，教于宗室。教以婦德、婦言、婦容、婦功。教成，祭之，牲用魚，芼（ㄇㄠˋ）之以蘋藻，所以成婦順也。

——〈昏義〉

信，事人也；信，婦德也。

——〈郊特牲〉

註釋

祖禰未毀：士有禰（父）廟，適士則保有祖廟、禰廟二廟，身分較高。

公宮：諸侯的家。

宗室：宗子的家。

芼之以蘋藻：芼，指做羹湯的菜。蘋，狀如葵，味如蔥；藻，菱菜。蘋藻都屬於陰柔之物。

新娘教育的內容

國內現在雖然還沒有專門的新娘學校，提供即將成為新娘的小姐們，進修整套的家事技藝與相關知識，不過單項的短期技藝進修班，例如美容、美姿、服裝設計、室內佈置、家庭園藝、插花、烹調等項目，倒也不乏其事，而且名堂還有愈來愈多的趨勢。這些技藝的內容，毫無疑問地，都與家庭生活有關，然而卻又無法周全家庭生活的全部需求，也無法凸顯家庭生活的精神內涵。因為儘管進修的內容不斷翻新，技藝的類別不斷擴充、技巧不斷精進，然而終究無法擺脫它僅止於「技藝」的層次，是分離、瑣碎，而非整體一貫的，因此對於如何營造美滿的家庭氣氛，總欠缺一些重要的接合劑，因此難有整合家族成員感情的效果。

臺灣雖然沒有新娘學校的專業教育機構，但是鄰近的日本，卻有這樣的整套進修課程，課程的內容含括了德行、禮節、儀態、美容、服飾、園藝、插花、烹調、育嬰等項目，為期三個月，還有畢業典禮，而且頒發結業證書。其實，日本的這套專業教育內容與精神，可以說是源自於我國古代的禮教。因為我國古代對於準新娘，早已擁有一套十分完整的婚前教育，足以周全家庭生活的整體，也可以凸顯家庭生活的精神內涵。

古代的準新娘，在她嫁為人妻、成為人婦之前的三個月，必須在諸侯或宗子的家裡，接受三個月的專門教育，課程的內容，則是「婦德、婦言、婦容、婦功」。所謂「婦德」，就是培養婦人以貞順信事為高的涵養；所謂「婦言」，就是培養婦人說話以婉轉為宜的態度；所謂「婦容」，就是培養婦人如何適當地裝扮自己以愉己悅人的習慣；所謂「婦功」，就是培養婦人從事家庭女紅、掌管家中畜積的本事，足以涵蓋日本新娘學校所列的各項專業科目。「教成，祭之」，將成果上告宗廟，就等於是舉行畢業典禮；尤其是祭告典禮中所用的祭牲採用水中代表陰物的魚，而做為羹湯的材料也都選擇陰柔的菜類，都說明了婦女以柔順為尚的道理，可知「所以成婦順也」，就在於提示新娘教育的目標，要使新娘能先順於舅姑，懂得孝順長輩，其次還要能和於室人，與家人和睦相處，然後才要求能與先生的生活情調相融和，也就是總以家庭氣氛的整體和諧為考量，非常注重家庭中各成員的相處之道。

由於古代的新娘教育具有明確的目標，因此能在該目標下，進行各有關的教育內容，而且選擇在諸侯或宗子的家進行實地教育，更可以提高教育的實效，於是「婦順備，而后內和理；內和理，而后家可長久」的情況，就是順理成章的了。當現代的男女準備步入結婚禮堂、打算構築兩人愛的小窩時，是否也曾思考過：我要如何與兩家的親人相處？又要如何營造家庭美滿和諧的氣氛？

昏禮不用樂，幽陰之義也。樂，陽氣也。

——〈郊特牲〉

取婦之家，三日不舉樂，思嗣親也。

——〈曾子問〉

註釋

昏禮：婚禮，古代作「昏禮」，後來爲了有別於黃昏、昏暗，於是另加「女」旁，表示女子之終生大事，因而有今之「婚」禮。

樂：音樂。

幽陰：古代昏禮的進行，以黃昏的時刻爲標準時辰，因此有幽陰之義，昏禮也因而屬於陰禮。

嗣親：延續後代，繼承香火。

結婚沒有進行曲

當優揚的結婚進行曲慢慢響起，也夾雜著劈啪價響、不絕於耳的鞭炮聲，不久，我們就可以看見新郎、新娘由男女儐相陪同（或由女方家長挽著新娘的手臂），緩步地踏上紅毯，慢慢地走向結婚的禮堂。這時，等在紅毯兩旁的親朋好友，更是忙著把早已準備好的彩炮，往新郎、新娘的身上猛拉，總希望這些色彩繽紛的彩帶、熱鬧非凡的氣氛，能為這一對新人增添更多的喜氣、添加更多快樂的感覺。這是現代結婚典禮的狀況。然而，古代的昏禮就不是這樣了，不但沒有鑼鼓喧天的浩大聲勢，也沒有絲竹並作、聲樂齊鳴的場面。

現代雖然稱為「婚禮」，然而古代卻作「昏禮」，因為古代男女正式結為夫妻的儀式，都在黃昏的標準時刻舉行，所以配合迎娶的時辰，就把男女結為夫妻的儀式稱為「昏禮」，所以〈士昏禮〉記載新郎親迎時必須「執燭前馬」，就是因為古代結婚時天色已經昏暗了。至於親迎為什麼要選擇黃昏時進行呢？則可以溯源人類早期有所謂「搶婚」的婚姻方式來說明。

從人類的婚姻史來說，應該發生過「掠奪婚」的階段。我們只要從《易經・屯卦》「屯如邅如，乘馬班如，匪寇婚媾。」的記載，就可以知道古代的婚姻，曾經有一段時間是和盜寇搶奪方式脫不了關係的。在文明尚未普遍前，人類以爭奪的方式取得自己心愛的物品或是想要的人，都是自然而可以理解的。由於是搶婚，當然就不可能敲鑼打鼓、大聲嚷嚷，而且要選擇傍晚時刻、天色昏暗，對方不易防備時，集合親朋好友協助搶親。由於黃昏有幽陰之義，而聲與樂則為向陽之氣，有發揚擴散的作用，因此在陰陽不相干的情況之下，雖然周代已不再有搶婚的習俗，但是由於仍然在黃昏娶親，所以舉行昏禮也不使用音樂。

另外，古代昏禮不用樂的理由，則基於人情義理的更深刻考量。由於締結婚姻的目的之一，就在於延續後代、繼承香火，因此當子女成婚時，雙親多半已經年華老去，所以子女雖然欣喜，而父母則難免有所感傷，因而昏禮不宜用樂；其次，女方由於感傷骨肉就要分離而難以入睡，而男方也能體會這番難以割捨的依依離情，自然不便聲樂大作地前往迎娶；再其次，男方之家雖然能迎得新婦歸來，然而面對著人事代謝，必須迎娶媳婦準備傳宗接代，心情也是嚴肅而沈重的，於是不忍舉樂也就可想而知的了。何況，家族進行序代、嗣親等大事時，都必須專心致意，猶如齋戒一般慎重謹肅，耳不聽音樂，以免散亂心志，於是昏禮不用樂，意義就非常深刻的了。

理解了古代昏禮不用樂的深刻意義以後，當你再面對現代婚禮的歡樂愉悅氣氛時，你是否會想：如果現代人能多想想結婚的深刻涵義，那麼，是否更該慎重其事地決定結不結婚？結婚以後，更要如何努力維護彼此的婚姻關係？

男子親迎，男先於女，剛柔之義也。——〈郊特牲〉

父親醮（ㄐㄠˋ）子而命之迎，男先於女也。子承命以迎，……蓋親受之於父母也。——〈昏義〉

註釋

剛柔：男爲陽剛，女爲陰柔。

醮：斟酒給人飲用，而不須回敬的敬酒方式；意謂著交代使命，且務必要對方完成使命的意思。

親迎新娘守承諾

宇宙間萬事萬物的存在，都各有它不同的特性。人也是如此，因而男女有別是生物間的自然現象，倘若能把握男女兩性的特質而善加發展，就更能開發人類的潛能，增進人類的幸福。從觀察宇宙自然的各種變化，就可以發現生物間普遍具有雄性陽剛主於動、雌性陰柔主於靜的偏向，於是男子主動、女子偏靜的大致傾向，就是生物的基本律則了。因此，昏禮中新郎親自到女家迎接新娘，就是符合男子主動、女子配合的生物自然原理，也就是讓人世間的各項作為，都能與宇宙間的自然變化相配合，生活才容易處處順適而少違逆，這種做法不但是人生經驗的累積，更是從大化流行中吸取的智慧。

男子親迎新娘，從宇宙間自然大化流行的原則來說，當然是要符應陰陽動靜的根本原理而設。至於在人事方面的考慮，則可以從對雙方家族責任的交代與對新娘心情的體貼兩方面來說：

首先，就交代責任而言，不管從〈士昏禮〉的儀節記載，或是從〈昏義〉的昏禮意義說明，都可以很清楚地看到：新郎親迎新娘，不但是承受父親所命，而且還是經由父親以「醮」的方式，親自交代兒子務必要完成使命的。因此兒子不但是光明正大地，而且是謹慎鄭重地承接父親所命，親自到女方家，迎接日後將共同祭祀宗廟的妻子回家。至於對女方的家族而言，由於要把自己家族的一份子託付別人，更是非常鄭重其事地在宗廟舉行交付儀式。新郎在女家宗廟，由女方家長的手中親自接受新娘，就是表示對於女方家族必須信守堅定的承諾，這一輩子都會妥善照顧新娘。因此，自親迎的一刻開始，新郎就必須勇於承擔對於雙方家族的責任。

其次，就體貼新娘的心情來說：結婚對於新郎而言，雖然即將有一世的責任承擔，然而這種承擔卻是甜蜜的負擔，因此無庸置疑地，新郎是快樂勝於一切的。但是，對於新娘而言，就不是如此單純的了。因為她必須在當天離開自己生活多年的家，必須和最親密的父母、家人分別，難分難捨的心情是自然而強烈的；尤其是即將要走入另一個陌生的環境，和一些原本不相識的人一起生活在相同的屋簷下，說什麼都會感到惶惶不安、焦慮不已的。新郎能體貼新娘內心複雜的感覺，隨時跟隨在旁，就可以緩和新娘緊張的心情，讓她感覺從此以後身旁能有個穩當的倚靠，不安的情緒就會平靜許多。更由於新郎的體貼，而易於培養夫妻一體、患難與共的堅定情懷，願意信守一輩子的承諾，共同創造美滿的家園。

理解古代親迎禮的意義後，可知從納采的第一道儀式裡，人們已經做了一生最慎重的選擇；在最後的親迎時，又做了一輩子永遠的承諾。所以，當男女的感情發生危機時，你是否會仔細地回想，當初堅定的選擇與承諾到哪裡去了？當我們「合理化」地推翻這一世的選擇與承諾後，下一次的「悔悟」還會遠嗎？

主人筵几於廟，而拜迎于門外。婿執鴈入，揖讓升堂，再拜，奠鴈。

——〈昏義〉

以禽作六摯……大夫執雁，士執雉。

——《周禮・大宗伯》

註釋

筵几：準備筵席與靠几。

廟：女家的宗廟。

鴈：「雁」之假借字，鴈鵝的意思；《周禮》作「雁」。

再拜：新郎對於出來迎接的女家主人，要行兩次拜見禮。第一次拜禮，代表女婿拜見岳父大人；第二次拜禮，代表男方家族拜見女方家族。

摯：也作「贄」，指見面禮。

昏禮中的特殊禮物

古代，人與人的交往很注重見面禮，而且由於講求行為與身分要相稱，因此所攜帶的禮物，就隨著個人所屬的階級而各有不同，因此大夫以鴻雁（鴈鳥）、士以雉為拜訪他人時的見面禮。但是，在《儀禮・士昏禮》的六大禮儀程序中，卻明顯可見除卻納徵時所準備的聘禮很多，不再以雁（鴈）相贈以外，其餘納采、問名、納吉、請期與親迎等五大節目中，都要準備雁（鴈）這份禮物，而且親迎時還是由女婿親自攜帶雁（鴈）拜見岳父大人的，可知雁是昏禮中的特殊禮物。

如果按照士的等級而論，新郎是應該以雉為見面禮，而不該超越身分使用雁的。然而我們只要看看新郎當天整副的裝扮：頭戴「爵弁」、身穿「纁裳」、乘坐「墨車」，這些原本都是大夫才能使用的服飾器物，但是因為結婚是人生的大事，因此「攝盛」使用更高等級的裝備，以盛大體面的陣容，為這一對新人增加一點特殊的意義，所以見面禮也就自然升格為大夫的等級了。

除卻由於結婚為人生的盛事，所以特別允許因為要求風光體面而自然升等以用物。此外，用雁為禮，更有深遠的意義。距離《禮記》成書最近的《白虎通》就說：「贄用雁者，取其隨時而南北，不失其節，明不奪女子之時也。又是隨陽之鳥，妻從夫之義也。又取飛成行、止成列也，明嫁娶之禮，長幼有序，不相踰越也。又昏禮贄不用死雉，故用雁也。」也就是說：雁是候鳥，能知節候，懂得辨別季節的轉變以追隨陽氣所在，就像是陰順的妻，雖然時節有變化，卻能始終跟從丈夫而行動，合乎陰陽動靜的自然原理。並且由於鴻雁具有飛能成行、止能成列的良好習性，因而富有提醒世人結婚嫁娶時，必須按照長幼順序依次舉行，具有篤厚優良人倫傳統的價值。同時更因為昏禮屬於嘉禮，因而在吉凶不相干的情況下，昏禮的禮物不以死雉為見面禮，而改以具有特殊習性的鴻雁為禮。

當昏禮時，士攝盛以雁為摯禮，更能給結婚的新人一個美好的憧憬，可以積極鼓舞新人好好努力，以爭取「鵬程千萬里」功成名就的機會。同時，取義以陰從陽、以靜配動，以妻從夫，在當時女子並未普遍接受知識的情況下，尤其具有穩定家庭秩序的作用；遵守長幼有序的倫常觀念，更具有和諧家庭氣氛的功能。

雖然，現代人對於妻要順從於夫不能毫無質疑，但是對於陰陽和合、動靜相配的自然原理，卻無法否認它具有不可更易的價值；只是在時空環境的變遷下，現代人已普遍地擁有更多的專業知識，也掌握了更多的資訊來源，相對地，更該懂得人的有限性，因此更需要彼此協調陰陽與動靜的平衡關係，才能達到「和合」與「相配」的境地。

共牢而食，合卺（ㄐㄧㄣˇ）而酳（ㄧㄣˋ），所以合體、同尊卑以親之也。

——〈昏義〉

壹與之齊，終身不改。

——〈郊特牲〉

註釋

共牢而食：共同食用取自相同牲體而調理成的飲食。

合卺而酳：卺，指葫蘆瓢。酳，飯後以酒漱口。合卺而酳，是用同一個葫蘆瓢剖成兩半做成的酒杯飲交杯酒。

壹與之齊：指夫妻共牢而食、合卺而酳。

「共牢合巹」終身不改

結婚，是人生的重要轉捩點。雖然制禮者基於深遠的考慮，認為當兒女欣然長成、締結良緣時，父母也即將面臨老成凋零的階段，尤其嫁女之家更是明顯的骨肉相離，因此有「昏禮不賀」的體貼設想。但是，面對這個重要的日子，對於男女當事人，又確實應該賦予一些特別的意義，於是為了讓天地鬼神與親朋好友做個最好的見證，因此祭告天地、邀宴親友同事，就是不可或缺的了。然而準備的筵席儘管豐盛，場面也熱鬧非凡，但是畢竟以宴請賓客為主，而新娘由於羞赧的緣故，更不可能好好享用餐飲，新郎則又因為貼新娘，也不便盡情暢飲，於是在親友散去之後，在新房內為小兩口準備一些飯菜，就是必要的體貼設想，至於準備兩杯酒以供夫妻餐後對飲，自然也是少不了的助興之物。

新婚之夜，夫妻相對而共進的第一餐飲食，採用同一等級的牲體做成，彼此所食的內容完全相同，代表夫妻的相對地位完全相等，沒有尊卑的差別。用餐之後，更以同一個葫蘆剖開挖空曬乾後製成的葫蘆瓢相對而飲，因為是由同一只完整的葫蘆剖開而成，所以稱為「合巹」，代表合為一體之意。所以夫妻在餐後對飲一瓢小酒，除卻飯後小飲有助於消化的養生作用以外，更可以由於細細體會兩瓢來自同一個整體的整合感，而培養夫妻也該成為一體，不分彼此，同甘共苦，常相廝守，懂得互相體貼，疾病相扶持，以確立生死不渝、終身不改的永世情懷。能有這番深刻的體認，然後才能建立夫妻之間堅貞、至親的感情，願意為創造家庭未來的幸福而共同努力、竭誠奉獻。

古代的物質條件儘管不好，然而在行夫妻之禮的前一刻，能有這麼深切地體認，確定一生一世永不變改的堅定意志，不但對於穩定夫妻感情、增進家庭和諧，具有積極的意義，對於安定社會秩序、發展群體幸福，更是一劑強化劑。固然古代在「壹與之齊，終身不改」的觀念提倡與習俗影響之下，無可否認的，由於極度強調責任與專一，而影響某些男女歡樂的快感是可以理解的，然而，一個人如果能清楚生命中除了追求歡樂與快感以外，還有更廣大、更深遠的生命層次等待你去開發，還有更大的社會責任等待你去完成，那麼，你將會感到釋然！

畢竟每一個存在的生物，都必須仰賴周遭不計其數的人物辛苦經營與血汗灌溉，誰都沒有權利糟蹋周遭的一切！當我們不再昧於「只要現在擁有，不在乎天長地久」的浪漫與夢幻，不再輕率地動輒說「愛」，然後又「勇敢地」、「了悟地」拋棄自己「不適合」的感情包袱，而是能在婚前更謹慎地評估彼此的優缺點，明瞭對方的人格特質，參考親友的意見，遵守社會倫理道德的規範，才能掌握不但現在擁有，還能天長地久的生生世世情。因為，生命不是到我為止，更不是到此為止！每個人都有責任讓生命的長流，流得長遠、流得淵深！

夙興，婦沐浴以俟見。質明，贊見婦於舅姑。婦執笲（ㄈㄢˊ）、棗、栗、段脩以見。贊醴（ㄌㄧˇ）婦，婦祭脯醢（ㄏㄞˇ）、祭醴，成婦禮也。舅姑入室，婦以特豚饋（ㄎㄨㄟˋ），明婦順也。

——〈昏義〉

註釋

夙興：夙，清晨。興，起床。

質明：天剛亮。

笲：盛物的竹器。

贊醴婦：贊，協助行禮的婦人。贊替舅姑酌醴酒以禮待新婦。

祭：古代進食之前，先將一小塊食物祭之於地，感謝大地賜我飲食之意。

饋：做羹湯、備飲食。

新婦的宣誓

在注重宗法觀念的社會制度下，男女結婚，並非只是男子娶妻，而是宗族娶婦，因此古代的昏禮必須完成拜見舅姑的手續，新娘才算正式成為這個家族的媳婦，將來才有接替主婦的資格。在這種狀況下，新娘拜見舅姑之禮就非常重要了。

新娘拜見舅姑之禮，在成婚的第二天黎明時舉行。當天一早，天才濛濛亮，新娘就起床，沐浴淨身以後就打扮整齊，等候待會兒拜見舅姑。天一亮，幫助行禮的「贊」就來帶領新娘去拜見公婆。新娘以小竹籃子裝著棗子、栗子，以及成段、成條的乾肉當作拜見公婆的見面禮，表示自己從今以後要天天早（棗）起，並且以戰戰兢兢（栗）的戰慄戒慎態度，斷斷（段）然自我要求、自我整飭（脩），以盡為人媳婦應守的本分。接著，由剛才引導她來拜見公婆的婦人（贊），代替公婆賜給新娘一杯甜酒。新娘在接下公婆所賜的甜酒以後，就在自己的席位上行感謝飲食的禮節，先用肉醬祭地，再用甜酒祭地。經由媳婦與公婆的往來行禮，代表公婆接受了新娘的宣誓，並且正式接納新娘為家族中的媳婦。成婦禮之後，接著由新婦親自下廚做羹湯，採用小豬為主菜，請公婆享用佳餚，表明媳婦願意恭敬地準備飲食以侍奉公婆，更願意順從公婆的心意，當個孝順的媳婦。

公婆接受了新婦願意做個孝順的媳婦之表白以後，就在隔天的早晨，正式設宴款待媳婦，並且在家人面前，以「一獻之禮」向媳婦敬酒，敬酒完畢，公婆一反常例地從西階的客位下堂，而特別禮待媳婦從東階的主位下堂，代表媳婦日後有代替婆婆做為一家主婦的資格。

經歷成婦禮、明婦順與著代的三個階段以後，新娘在家族中的地位，才算是非常明確。新婦也從這三項禮儀的進行過程中，主動地與夫家的親人往來交誼，藉以培養家人之間良好的互動關係。古代，做為一個好妻子與好媳婦，除了要孝順公婆之外，更要努力與家人和睦相處，然後才是要求與丈夫生活意趣相合；能夠如此，家庭才能一團和氣、事情才能打理完善，家道才能持久而興旺。

然而這種本大根深的家庭倫理觀念，在標榜個人自由、感情自主、戀愛自由的情況下，早已有了改變。現代的婚姻，標榜男女兩人瞬間的「情投意合」，為配合這種「速食化」的感情，婚禮的方式不斷地推陳出新，不斷地有新口味來滿足現代人求新求變的心理。於是，什麼孝親、尊祖、宜室宜人、敬天、尊神的行為講求，都成了過氣的歷史名詞；這就難怪家庭倫理要瀕臨破產，社會道德要面臨瓦解的危機了。看看現在的新娘子，有多少還會在意做如此宜室宜家的宣誓呢？

喪禮

揮手自茲去　魂夢託有情

復，盡愛之道也，有禱祠之心焉。望反諸幽，求諸鬼神之道也。北面，求諸幽之義也。

——〈檀弓下〉

註釋

復：喪禮中的禮儀名稱，就是招魂之禮。

禱祠：向五祀（司命、灶、中留、族厲、門）進行「禱」的祭祀禮儀。

幽：幽陰、幽闇。

魂兮歸來思復生

直到現在，民間還流傳有為小孩（也有為大人而舉行的）哭鬧不乖或發生不正常狀況時進行「收驚」的習俗。收驚的儀式，由專門人員拿著當事者的衣物，按照一定的儀式為當事人「招魂」，專職人員口中念念有詞，呼喊著當事人的名字，希望當事者失散在外的魂魄能快快回到當事者的身上，以恢復他正常應有的情況。對於活人有「招魂」的習俗，希望當事者能恢復他平日的精神、能延年益壽；對於剛死的人，更有強烈的慾望，希望他不是真正死亡，而是一如往常地，魂魄偶爾會出點狀況，然而只要經由一次或多次的「招魂」儀式，就可以重新酥活過來。於是，在人剛死的時候，就照例要為死者作「招魂」的儀式，希望這最後的努力，能使死者復生。這種禮儀在喪禮中特別稱為「復」禮。

行使這種「復」禮，就是生者要對剛死的親人盡情地表達強烈希望他能復生的努力，希望經由不斷地呼喊死者的名字，從天上、地下與天地之間，喚回死者的魂魄，更希望能以自己虔誠的心，向所有掌管人間生死的重要關卡進行祈禱，祈願各個把關者不要收留死者的魂魄，能讓親人放蕩在外的魂魄順利歸來。由於鬼魂喜歡陰暗，因此招魂時，就要面向著北方幽陰之處，祈求鬼魂快快回歸。

擔任招魂「復」禮的人，必須是死者最親近的人，希望藉由這些熟悉而親切的呼喚，讓飄散在外的魂魄容易辨認而歸來。因此「復」者由象徵生機的「東榮」爬向屋脊的中央最高點，用力揮舞死者的衣裳，利用同氣相應的原理，讓鬼魂有明顯的目標可以順利回家。經過親友的輪番上陣、登高呼喊，如果真是魂魄一時迷途忘返，聽到這麼多親友的真情呼喚，以及樹立好的返家標誌，也應該可以安然地返抵家門了。如果經由大家這麼聲嘶力竭地真誠召喚，仍然無法使死者復生，那麼大家也盡了該做、能做的努力，也只好承認死亡是無可挽回的事實。接下來，才可以再進行各種治喪的準備。

剛面對至親骨肉的死亡，懷有深厚感情的家人，不但不容易接受這種致命性的打擊，更不願意承認這種令人悲傷的事實。因此在「匍匐而哭之」之餘，更是強烈希望面前躺著的人，能重新甦醒過來。儘管人死復生的機會非常渺茫，然而只要那不是絕對不可能，深情的親友都不會放棄這一線希望，都願意輪流爬上屋脊努力招魂。由於「復」禮能夠讓生者盡情地宣洩深愛死者的赤誠心意，因而比較容易使生者穩定居喪時的情緒，減低由於嚴重悲傷所造成的衝擊，同時也可以讓人間更充滿溫暖、充滿愛。如果人一旦斷氣，就被視為一團死肉，不再具有一線生機，只希望早早把他處理掉，那麼，人就比一般有血氣之物還要冷酷無情了！殊不知大鳥獸一旦喪失它的群屬，尚且還會悲鳴哀嚎、踟躕流連而不忍離去！燕雀雖小，也知道啁啾低泣然後能去！因此，一旦人死，生者不但希望死者的魂魄歸來，而且還付諸行動進行招魂，也是人情之自然而已！

飯用米貝，弗忍虛也。不以食道，用美焉爾。

——〈檀弓下〉

註釋

飯：將米貝等物放入死者口中的禮。

貝：原來爲水中的介蟲，古代尚未有錢幣以前，以貝爲通行的貨幣。

虛：空。

食道：活人一般飲食的習慣。

美：美好。

黃泉路上不飢寒

當死者不可復生已成為事實以後，生者才開始為死者辦理後事。進行小斂以前，生者必須先為死者沐浴淨身，使死者能潔淨一身而歸，然後則是進行飯含之禮，盡到生者對死者的飽食之愛與關懷之情，讓死者走在黃泉路上不飢不寒。

飢而當食，是人類最基本的生理現象，而所吃的又以五穀雜糧等為主食，因此生者將所食用的米滿滿地放入死者的口中，事死如事生，以盡對於死者的最後飽食之愛，使死者不必遭受飢餓之苦。放置稻米而不放置米飯進入死者口中，在於稻米未經煮熟，則富含生機，具有太初本然之美；至於飯食，雖然更合於人的飲食習慣，但是生米既已煮成飯，就已失去生機而不可變化，而且容易由於人為的關係而細碎不潔，反而會導致褻瀆死者的不良感覺。可知飯禮用米，一來可以表達生者仁愛死者的美德，再者，又足以說明生死不相混淆，是明智的做法。

古人在為死者盡飽食之愛之餘，尚且不願看到死者有錢財之困，因此另外在口中為死者含貝，希望死者能擁有豐足的錢財，不至於有經濟窘迫的憂慮。如果籠統而言，飯禮的內容可包括食米與錢貝兩種；如果仔細區分，則用米為飯禮、用貝為含禮。稱為米和貝，其實還都是通稱和代稱。因為，米，還包括黍、粱、稷與稻米的不同；貝，則包括玉、珠、璧與貝的區分；都各與死者的身分相當。

從出土的資料顯示，殷商時期的玉含雖然形狀分歧，但是以蟬或蠶為造型的玉含已經隱然可見，漢代以後，更以蟬型為主。不管是蟬或者是蠶，它們都具有一個共同的特性，就是蟬蛻與蠶蛻之後，都可以邁向生命的更高層次。因而古人將玉蟬或玉蠶放在死者口中，就有取象它們可以經由蛻變幻化而轉化生命現象的事實，對於生命更具有鼓舞作用。

除了口中米貝之類的飯含之物以外，為了使死者不飢不寒，還有許多陪葬物品，包含食用的糧食、調味用品、酒等物，也包含了生產、防禦、日常生活所需與祭祀的各項器具，凡是人世間所需的東西，都被認為是死後世界也需要的，因此隨著生者經濟能力的不同、死者身分地位的高低，死者所擁有的物品也各有差異。儘管陪葬的禮物各有豐薄，但是這些都是生者對於死者一生的奮鬥，所給予的最後回饋與慰藉，從點點滴滴慇勤地為死者備辦所需的物品，可以牽引親情的維繫，表現人情的溫暖，更可以教導世人：人死非如燈之滅，更非一死萬事休。人唯有能信仰死後仍然有生命，才能甘於忍受今生苦，當遭遇艱難與困厄時，才能有更多的勇氣與毅力，去承擔外界橫加的一切阻撓。讓死者在黃泉路上能不飢不寒，是對於生命的最高體貼；讓明器代替實物以成為陪葬物品，是仁與知的最高表現，能從這裡著眼，又何必一定把它們冠上奢侈浪費、迷信無知的標籤呢？

三日而后斂者，以俟其生也。三日而不生，亦不生矣，孝子之心亦益衰矣。家室之計、衣服之具，亦可以成矣；親戚之遠者，亦可以至矣。是故聖人爲之斷決，以三日爲之禮制也。

——〈問喪〉

註釋

益衰：由於三天的努力，仍然無法達成孝子希望死者復生的念頭，因而對於死而復生的強烈慾望，自然會趨於緩和。

家室之計：處理喪事所需要的東西。

衣服之具：生者爲死者服喪所穿衣服的準備。

三日而斂的死亡事實

面對親人的死亡，悲傷憤懣的怨氣充塞於胸臆之間是無可避免的，不但不容易接受這種事實，並且是不願意接受這就是事實。這時候如果馬上要對屍體進行小斂的工作，無論如何都是違背人情的，因此在這個時刻，必須採取兩項措施，一項是利用夜間的時間作積極性的招魂工作，企圖經由聲嘶力竭地誠摯召喚，能把親人哭喊回來，以改變事實；另一項則是消極地等待生者悲情的發洩，等待親人在匍匐嚎啕、痛哭流涕、搥胸頓足地盡情宣洩以後，原本存於胸中的一股悶氣，可以逐漸地得到緩和。做了這兩項工作以後，原先想要改變事實的強烈慾望，已經是不可能了，於是只好無奈地接受這個殘酷的事實；一方面由於悲傷的情緒能盡情發洩，因而在情感上可以稍微緩和；接下來才可為屍體安排收斂的工作。

斂，就是收的意思。喪禮中的「斂」，可以分為小斂和大斂兩項節目，小斂包括為死者沐浴、更衣、化妝等，目的在於好好珍攝善待遺體；大斂，則將遺體妥善包紮，然後放入棺木，進行停殯的禮儀。

由於喪禮的節目細密繁複，因而需要準備的各種事物就十分眾多。古代由於製作材料、技術等的限制，很多物品的製造必須歷經一段長久的時間，因而像棺木之類必須長時間製作的喪具，如果條件允許，從六十歲起就可以開始陸續預先準備，其餘喪禮中很多零零碎碎的東西，就必須等待人死之後，檢查家中實際欠缺的情況，然後才準備製作或添購。尤其是眾多親屬的喪服，絕對要在人死之後才加以裁製。由於死者入殮後，親屬就要開始服喪，而裁製喪服又需要一段時間，因而不可能人一死就入殮。另外，有些重要的親屬住在遠地，必須經由通知才知道前來奔喪，在當時交通不方便的情況下，一來一往之間，也的確需要一些時間，所以入殮的時間就必須有所寬緩。經過上述的人情考慮與時間的評估之後，在人死之後的三天之內進行入殮，應該是妥當的安排；於是三日而斂，就成為喪禮中的一項禮制。

現代的社會，在時空環境的急遽變遷下，生活的焦點，多半集中在如何獲得舒適的生活上，對於如何處理死亡事件，認為只要交給殯儀館或葬儀社處理，就可以全部得到解決。當面對繁瑣的儀式節目時，由於不懂得其中的道理，總覺得是花錢找人擺佈，於是牢騷滿腹、反感不耐煩就是常見的了。在這種情況下，要想培養生者與死者之間的縷縷深情，當然就很困難。想想，自己小時候，父母是怎樣的為自己穿衣打扮！如果為人子女者能親自為親人沐浴淨身，穿好一身體面的服裝，梳粧打扮整齊，然後蓋上衾被，妥妥貼貼地送死者入棺，自然可以從與屍身的直接接觸中，流露相繫已久的親情！如今換成了殯儀館的洗身工與化妝師來做這種工作，哪會有什麼特別的感情？親情逐漸淡薄，也就不足為怪了！

夏后氏殯（ㄅㄧㄣˋ）於東階之上，則猶在阼也。殷人殯於兩楹（ㄧㄥˊ）之間，則與賓主夾之也。周人殯於西階之上，則猶賓之也。

——〈檀弓上〉

註釋

殯：大斂以後，停柩待葬稱為殯。

東階：代表主位。

阼：阼階，代表主位。

楹：柱子。

讓停殯緩衝激烈的情緒

大斂之後，將包紮妥當的屍體抬入棺木中，然後把棺蓋蓋上。直到出殯安葬之前，靈柩一直停放在此，喪禮中稱為「殯」。

由大斂到下葬，要經歷一場從有形到無形的劇烈轉變，對於具有深情的親人而言，是不容易接受的，因此停殯的安排，就含有調適生者心情的緩衝作用。停殯期間，早晚各有一次設奠祭拜，做為平時生活中昏定晨省的延續。希望藉由憑柩奠拜，逐漸體會生命從有歸於無的事實，以便讓生者學習控制情緒，把傷悲轉而埋藏於心底。因此，停殯的設計，主要就在於順應生者對於死者情意難捨的人情需求；其次，下葬時所需要的各種陪葬物品，也可以在這段期間內妥為準備周全，以免日後有所遺憾；再其次，一些住在遠地或是較為疏遠的親戚，雖然無法趕上入殮的時間，但是有了這一段緩衝期，也可以從容地前來參加葬禮；因此，喪禮中設計殯以待葬的禮儀，就有它主、客觀的需要。

停殯的位置，三代各有不同。從停殯位置的不同與轉移，可以看出三代對於生命具有不同的觀念：夏代將靈柩停放在東階之上，表示死者仍然具有主人的身分。殷商時期，則將靈柩停放在堂中的兩根楹柱之間，表示死者的身分夾雜於賓主兩種身分之間。至於周代，則將靈柩改殯於西階之上，表示以賓客的身分看待死者。這種靈柩停放的位置，由放在主位、而賓主之間、而客位的愈推愈遠，也相對地表示當時的人對於死者的看待，由於人文思想的逐漸抬頭，所以能慢慢體會生與死的不同，所以會由看待死者仍為主人，而到賓主之間的夾雜身分，乃至於以死者為客的客觀想法。

仔細推敲三代對於死亡的不同看法，就可以發現：夏代時期，由於講求以忠厚教人，民性也相當樸質，因而以為新死者和他生存的時候並沒有什麼不同，都是自己的親人，所以仍然以主人之禮來對待死者，可見當時對於生死的觀念，重在主觀情感的認同。殷商時期，由於非常敬畏鬼神，各種祭典十分盛行，主政者甚且率領人民禮敬鬼神，因此以為人死為鬼，而鬼神應該居於尊位，所以把堂上兩楹之中代表帝王之位的人間最尊之位，讓與死者停殯之用，代表當時的人對於生死的觀念，夾雜於主觀情感的認同與客觀理智的承認之間。到了周代，則注重文飾之美，認為死者與生者不同，人死為鬼，而鬼神的位置以西南為最尊，因此以代表賓位的西階為停殯的位置，代表周代對於生死的觀念，已能趨於客觀理智的認定，且能劃清人鬼的分際，把握生者對死者應盡的情意與關懷。

當我們理解古代停殯制度具有豐富的義涵時，你還會認為停殯只是製造障礙、妨礙觀瞻的無用之舉嗎？

弔於葬者必執引。若從柩及壙（ㄎㄨㄤˋ）皆執紼（ㄈㄨˊ）。

——〈檀弓下〉

弔，非從主人也。四十者執綍（ㄈㄨˊ），鄉人五十者從反哭，四十者待盈坎。

——〈雜記下〉

註釋

執引：古代棺柩移上輇車後，用大的繩索把輇車和棺柩加以固定，並且留下很多繩尾，以供親朋好友一起牽著繩索，引導輇車往前移動。

壙：墓穴。

執紼：古代在棺柩上，加上橫三根、豎兩根的大木棍，用粗繩綁牢，也留下很長的繩尾，以便親朋好友共同執持，協助將棺柩放入墓穴之中。

反哭：棺柩下葬之後，從墓地返家，景物雖然依舊，但是人事已非，於是哭於祖廟西階的東面，以盡情宣洩悲傷的情緒，喪禮中稱為「反哭」。

用愛營造生命最後的歸宿

百歲人瑞，在現代科學進步、醫藥發達、物質條件優良的環境下，尚且並不多見，因此人生本是數十寒暑，轉眼即將邁入死亡就是不可避免的無奈。至於所遺留的軀殼，就有待於建立埋葬制度，為這個生命營造最後的歸宿，才可使生命得到最妥善的珍藏。

早期的人類社會，當人死後，可能就是隨地棄置，任憑物化。然而在社會進步到具有家庭型態，懂得相互照顧後，就不忍再讓親人暴屍荒野、風化以終，尤其是當他日後路過親人暴屍之處，親眼目睹野獸分食親人的肢體，蠅蚋叮嘬至親的屍肉時，為人子女的，發自內心的不安與不忍之情更是油然湧現，以至於發熱冒汗而不敢直視。就是擁有這分對至親摯愛的心，於是而有掩埋屍體的行為。

初期的掩埋屍體，也僅止於以厚厚的樹木枝葉遮蔽屍身，既沒有築土為墳，也沒有樹立標誌，因此不但日子久了無法記憶親人的埋屍地點，而且由於只是以樹木枝葉遮蓋屍體，仍然會有野獸前來破壞屍體，就算是孝子經常攜帶木棍、手持彈弓以趨趕鳥獸的啃食，畢竟收效不大。於是才有棺槨的設置，希望經由內棺與外槨的雙重保護，可以更妥當地保存親人的屍體。同時為了安置棺槨，於是掘土為坎，營造墓穴，將棺槨放入之後，再填土掩埋。如此一來，就可以達到人子珍藏親人的心意，也因而樹立了中國人傳統以來「入土為安」的喪葬觀念。

為了用愛為生命營造最後的歸宿，讓親人擁有最堅固的安息之處，出殯的儀式與下葬的典禮，處處呈現著愛的牽引。送葬的親友挽著綁住輇車的繩索，牽引著靈車前進。到了墓地，四十歲以內的親朋故舊，則參與執紼的典禮，共同執持綁於棺柩的繩索，在號令的指揮下，平平穩穩地把棺柩放到墓底。棺柩放入墓底之後，就由青壯一輩的繼續留在墓地，共同參與填土盈坎的工作。五十歲以上的人，則跟隨主人先行返家，準備進行虞祭的安魂典禮。

經由執引、執紼，使棺柩內的死者與棺柩外的親朋故舊繩繩相繫、索索相連。是親友的牽引，靈車得以前進；是親友的執紼，棺柩得以入壙；更是親友的抔抔黃土，壙穴得以盈滿堅實。每一抔塵土，堆入土中的，是生者的一份關懷；

每一鏟黃土，填入墓穴的，是生者的一份濃情——希望這生命最後的安息之處，是生者為死者一抔一抔、一鏟一鏟所營造起來的堅實居所。讓每一個真實走過、認真活過的生命，在他生命止息時，能擁有一個比及物化，都不必擔憂風雨侵襲、禽獸啃食、蟲蟻蛀噬的安寧之所，這就是對生命的最高尊重，也是最終尊重。這份安寧與和祥，除卻由於死者本身對於自己生命的無愧無怍之外，更源自葬禮中親友的「愛」營造而成。然而在現代的葬禮中，又有多少儀節可以表現親友的牽引之情、流露人間的摯愛？

禮記

三年之喪，二十五月而畢。哀痛未盡，思慕未忘，然而服以是斷之者，豈不送死有已，復生有節哉！子生三年，然後免於父母之懷。夫三年之喪，天下之達喪也。

——〈三年問〉

註釋

三年之喪：喪期的最長期限以三年爲限。父母之喪也可稱爲三年之喪。

服以是斷之：代表脫除喪服。

送死有已：哀送親人離開世界的感情應當有所停止。

復生有節：恢復生者的正常生活也應該以此爲節度。

天下之達喪：天下人通行的喪禮。

哀情無盡而復生有節

所謂喪期，就是指穿著喪服的期限。規畫喪期的標準，主要以情感為衡量的原則，並配合自然界的運行，永遠遵守周而復始、循環往復的規律，依循著春去夏來、秋盡東來的順序交替而生，無時或已；於是世人仿照天地間萬物的變化，以週年為一完整的循環期，因而制定為至親服喪，應當以期年為限。然而由於人有親疏遠近，情感有深淺厚薄，因而對於服喪的期限，也各有長短的不同，無法都以期年為準。因此，恩情深厚的，則延長服喪的期限；恩情疏淺的，則減短服喪的時日。

至親骨肉之間，本來就擁有一分濃厚的親情，又因為生活的相互扶持，彼此更會增加一分難以割捨的感覺，一旦生死永別，不再相見，那分刻骨銘心的椎心痛感，就不是短時間所能彌補復原的，甚至於是一輩子都難以忘懷的。如果依順著這分傷痛之情，任憑它無盡地沈浸在愁雲慘霧之中，則這種悲傷頹喪的氣息，將一直持續到老死為止，而人類社會勢必永遠籠罩在哀戚的陰影當中，不但無法進步，甚至於還會很快毀滅。淪於毀滅，是任何人都不願意見到的現象，因而在喪期的制定上，就有制定最高喪期的必要，以免生者因哀痛逾恆而毀性傷身、影響社會進步，於是斟酌衡量，訂定三年之喪為最高喪制。

所謂三年之喪，其實只有二十五個月就結束了。這時候，孝子內心的悲傷痛苦還沒有完全停止，對於死者的想念思慕之心也還未曾忘記，然而喪服卻規定要在這時候脫除。這種規定，難道不是表示我們哀送親人離開世界的感情，應該到此停止，而恢復生者日常生活的狀態，也該從此作個節度嗎？

之所以訂定三年為最高的喪期，在於孩子最少要在三歲以後，才能離開父母的懷抱，因而當父母去世時，為人子女的，就該回報父母那最辛苦的三年恩德。所以為父母服三年之喪，是最重的喪服，也是天下人都應該遵行的。倘若超過此期限，則應該重新振作精神，走出悲悽的陰影，化悲哀為力量，為自己與家庭再作一番努力，以大孝尊親、揚親為積極奮鬥的目標。

從「三年之喪，二十五月而畢」，即可以凸顯禮制的訂定，不但為了因應人情的需求，並且還具有節制人情的深謀遠慮，而以恢復生者的生機與鬥志為最高訴求，因而當服喪跨入第三年的二十五月後就脫去喪服，就在於提醒服喪者該自我節制哀情，好好調適自己，以求能早日重回社會的脈動。當人間親情逐漸淡薄的今天，如果能多思索自己也曾經是襁褓中的嬰兒，是父母付出多少精力與心血才使我們慢慢長大？如果能回想父母那一段辛勞的歲月，當可以體會為父母服三年之喪何長之有！

三年以爲隆，緦（ㄙ）、小功以爲殺（ㄕㄞˋ），期（ㄐㄧ）、九月以爲間。上取象於天，下取法於地，中取則於人，人之所以群居和壹之理盡矣。

——〈三年問〉

註釋

隆：加等以至於最高的極限。

殺：減削降等。

間：居中的間隔。

和壹：彼此相處和睦、團結一致。

親疏有別而喪服自異

所謂喪服，就是指遭遇親屬死亡時，自己所該穿著的服飾；至於該穿多久，則屬於喪期長短的問題。完整的喪服制度，是喪服和喪期相互配合運用的，大致說來，喪服重的喪期就較長，喪服輕的喪期就較短；不但喪期的長短依據人情的深淺厚薄、人際關係的親疏遠近而定，喪服的輕重分等也是如此。一般而言，喪服主要根據所用的麻粗細不同，而將裁製成的喪服大略分為五種等級，分別是斬衰、齊衰、大功、小功、緦麻，並與長短不同的喪期相互搭配，如果再加上飾物的變化，以表示親屬之間的各種差等，就可以區分更多人際關係之間的親疏遠近。等級的區分愈是細密，彼此之間的親疏遠近關係就愈清晰，於是內外輕重的相對關係就愈能把握，而家族血緣的凝聚力也就愈是強韌堅實。

喪期的分畫，以三年為加等的最高、最重極限，以緦麻三月為減削降等的最低限度，再以一年的期服和九月、六月（後來特殊需要，又從六月中再劃分為七月與五月兩種。）之喪的功服做為當中的間隔，於是而有了五等喪期的制度。這些喪期的規畫，往上而言是取象於天時的運轉，往下而說是取法於地形的變化，中間則是依據人際關係的差等，可說都是順乎天理、應乎人情的設想。人們之所以能夠維繫群體的共同生活，而且彼此相處能夠和睦，懂得大家團結一致，其中的道理可以說都在這裡了。

就喪期的分等而言，由於特殊加隆恩情的關係，而制定三年為最高的喪期，代表天道的運行三年一閏，具有天道小成的意思。在此最高的喪期之下，則以一年為基準數，並在一年以下，制定九月、六月、三月的不同喪期，按照三個月的等差級數依次降等，和自然界的運行以一年為一循環，下分四時的季節變化，每一時節剛好為三個月的等分相合，因而可以說是取象於天時的運轉。至於親屬之間，除了本有固定的親疏遠近關係以外，由於個人還有社會地位的尊卑貴賤等差異，譬如士對士、士對大夫、士對國君，彼此的相對隸屬關係有別，因而在服喪的規定上也就有所不同。這種差別對待關係，就好像地形地物的有高有低，所以必須因勢制宜，採取應變的方式加以配合，因此可以說是取法於地形的變化。至於天地之間的人際關係，由於存在著複雜的親疏差等、情感厚薄等關係，能以此存在的現象，做為規畫親屬的親疏遠近等級，就是更合乎人情義理的考量。

通過親人之死，可以讓生者深切體會何謂生命的分離；經由晦暗粗惡的衰麻苴杖與寢苫枕塊等喪居生活，可以感受何謂深沈的悲哀；更經由大自然四時的變化，可以明瞭生命有生必有死的自然現象——於是，脫下喪服、擦乾眼淚以後，更懂得把握周遭存在的一切，更可以明白五服之內血濃於水的親情關係，而且深切明瞭愛與關懷要由親而疏、由近而遠，因而也更可以凝聚家族的內聚力。理解古代制定喪服制度的道理以後，是否較能接受喪服的輕重不等、喪期的長短差別等繁雜瑣碎的規定？因為它不是無聊的把戲，而是原來寓有深義的象徵！

祭禮

恍惚再相見　慰我思慕情

霜露既降，君子履之，必有悽愴（ㄔㄨㄤˋ）之心，非其寒之謂也。春，雨露既濡（ㄖㄨˊ），君子履之，必有怵（ㄔㄨˋ）惕之心，如將見之。

——〈祭義〉

註釋

悽愴：悲傷淒涼。
濡：浸潤。
怵惕：心中突然興起的悸動。
如將見「之」：指已經去世的親人。

四時流轉而思故人復歸

人與人相處，有賴於真實的情感以維繫彼此的關係，且會隨著時日的增長，而加深彼此的情感。彼此情感深厚的人，一旦遭遇生離死別的狀況，所承受的悲傷痛苦也相對地會更為深重。這種錐心刺骨的傷痛，絕不是短時間就可以沖淡忘懷的，因此喪禮才要安排一道道繁複的儀式，為死者安排周全的配備。從不刻苦死者的萬全準備，以慰藉生者創痛的心靈；從一道道愈推愈遠的節目，體會死者愈離愈遠的事實；終至於能承認死者由有形而歸於無形的無可奈何。更經由居喪期間多階段的變服、除服儀式，學習自我療傷，懂得收斂悲傷的情緒，進而練習把這分深沈的悲哀埋藏在心底，努力調適自己，準備在最短的期限內，可以重回工作崗位。然而深藏於心底的哀愁，並非從此消除，也無法因而淡忘，只要一經觸動，那股濃濃的悲悽與深深的懷念，不但會再度湧起，而且還會強烈到無法遏止，於是在喪禮之後，設有祭禮的安排，就是為了滿足生者情感的需求。

每當季節轉換的時候，自然環境也有明顯的改變。隨著外在環境周而復始地變化，很自然地會回想起往年的這個時候，雙親是如何地照顧自己，自己又是怎麼樣地調理親長的生活起居，於是積藏於心底的那分情感與孝思，不自覺地再度浮起，而且一旦浮起，就很難加以壓抑。尤其是當秋天來到人間，霜露降臨大地時，有德的君子踩在霜露覆蓋的大地，察覺到氣候的變化，內心不自覺地湧起悽愴的感受，這種突如其來的感受，不是來自外在氣溫突然下降所感受的寒意，而是由於繁榮興盛的大地突然轉為百物蕭條的景象，因而再度觸發對於親人逝世的悲悽。當春回大地，細雨浸潤了大地，有德的君子踩在微濕的大地上，察覺到氣候的變化，內心不自覺地興起一陣悸動，迫切希望已經逝去的親人，能隨著春氣的復甦而重現於眼前。就是這種迫切再見親人的情懷，會在四時季節變化時不自覺地興起，於是安排四時祭典以享親人的慾望，就如願地舉行了。

人生存在大自然的懷抱中，就不免會隨著自然界的欣欣向榮而雀躍，更不免會隨著自然界的蕭條閉鎖而憂悽，尤其是面對由夏入秋、由冬轉春截然不同的景觀變化，人很容易從百物的蕭條而聯想到生命的割離，而更加不忍親人的離我而去；也很容易從春暖花開、生機處處的景象，企求親人的重新復歸，雖然知道不免悵惘滿懷，情感卻無法不起盪漾。由春入夏、由秋入冬，雖然不如另外兩個季節的轉換來得劇烈，但是在四季的氣候與景物變化明顯的情形之下，也都會泛起複雜的情緒，無論是表達強烈的企盼抑或是彌縫滿懷的惆悵，能為親人進行一場祭禮，再為親人略盡孝思，當是對於生者受創心靈最好的慰藉。

隨著四時季節的變化而安排的宗廟祭禮，就是緣於此人情思慕已故親人而舉行的。

致齊（ㄓㄞ）於內，散齊於外。齊之日，思其居處、思其笑語、思其志意、思其所樂、思其所嗜。齊三日，乃見其所爲齊者。

——〈祭義〉

註釋

致齊：「齊」通「齋」，代表齋戒的意思。致齊，爲齋戒的方式之一，齋戒的目的在於排除內心的雜念。

散齊：爲避免外在事務的干擾，而預先做處理。

見：浮現在眼前。

所為齊者：指即將爲之舉行祭禮的受祭對象。

誠心齋戒恍惚見親人

祭禮的安排，基於人子具有真摯的情感與深沈的孝思，能始終保有這分長久不渝的情愫，並且加以昇華，那麼對於眼前的生者，就更懂得珍惜彼此的情感，而使社會洋溢著溫馨淳厚的人情，達到「慎終追遠，民德歸厚」的效果。因此，祭祀時要把那分真摯的情感與深沈的孝思毫無遺漏地表達出來，就必須在祭祀之前，先進行齋戒的工作，以摒除一切雜務，集中精神，收束心志，才能專心致意於思念親人，使我們思念故人的心情得到慰藉與滿足。

為了誠心思念亡故的親人，在祭祀前十天，就要開始進行齋戒。齋戒的內容包括兩種：利用前七天進行散齊，先把外界的一切事務預作安排和處理，避免祭祀當天仍有無謂的事務干擾。七天的時間，已足夠把外務處理妥當了。接著，就是安心地回到家裡，專心做「致齊」的工作，致力於內心雜念的排除。從事「致齊」的時候，就要集中精神，專心回想親人先前日常生活起居的情形，回想他的言談笑貌，回想他的志趣意向，回想他所喜樂的事，回想他的嗜好習慣。這樣專心致意於親人生前的點點滴滴，三天之內，朝思暮想，思之念之。由於腦海中全都是親人的影像容貌，心靈也達到極度澄明靈覺的狀態，其他的雜念自然無法再摻雜滲透進來，於是所要準備祭祀的那位親人，他的影像就彷彿浮現在眼前了。

經由祭祀前的齊一心志與專心致力於塑造已故親人的形象，所以心理上已恍惚可以與親人相通。尤其是祭祀當天的廳堂佈置彷彿如在昨日，更在四周氣氛的烘托與營造之下，祭尸已與親人融為一體，於是「親人」的再現，即滿足了人子長久以來的懸念，也彌補了人子受創已久的心靈。由於鬼神不能被證明，他不存在於感官中，也不存在於理性之中，他只能被想像、被感覺、被信仰，於是透過精神的極度想像，亡故的親人已化身為詩與藝術的結合。

人生自古誰無死！倘若人一死就歸於毀滅、了無蹤跡，那麼活著的時候的確可以隨心所欲、為所欲為，甚至於肆無忌憚、無所顧忌，管他什麼道、德、仁、義、禮，說什麼忠、孝、慈、愛、悌，那些都是人自己想的，是聰明人用來桎梏笨蛋的人性枷鎖，何必在乎別人怎麼想！誰在乎死後留下什麼讓子孫懷念！誰又在意死後有沒有子孫祭拜！倘若人真能「豪放」、「灑脫」到如此超乎一切，那麼祭禮的確只是多餘的迷信行為，齋戒思念恍惚可見親人的想法，更是白天見鬼的精神幻覺！然而此風一旦盛行，人性還剩下什麼可珍貴的？人間還有什麼真情義？還有什麼民德可以歸於淳厚呢？誰又有權利埋怨社會不安、倫理敗壞呢？

孝子之祭可知也：其立之也敬以詘（ㄑㄩ），其進之也敬以愉，其薦之也敬以欲。退而立，如將受命。已徹而退，敬齊之色不絕於面。……孝子之有深愛者，必有和氣；有和氣者，必有愉色；有愉色者，必有婉容。

——〈祭義〉

註釋

敬而詘：「詘」通「屈」。由於內心充滿孝敬的心意，在心神專注下，身子就自然地往前微傾以求親近祭祀對象。

薦：獻上祭品。

受命：受指使去從事某事。

敬齊之色：孝敬愛親、虔誠懇切的神色。

請再讓我孝敬一回

由於祭禮的進行，本在於表達人子追養繼孝的心意，也在於滿足人子思親的情懷，因而在齋戒後舉行祭祀時，恍惚感覺親人已在眼前，因此孝子不但神態十分親切誠懇，腳步也會非常輕快自在。所以一個真正具有孝心的人，從他祭祀時所表現的動作與態度上，可以很清楚地看出來：孝子進行祭祀時，他站立的時候，內心充滿了孝敬的心意，不但心神專注，又想再度親近親人，於是身體會自然而然地微微向前傾。孝子前往祭祀的席位時，由於內心充滿了孝敬與企盼相見的心意，於是走起路來，腳步會自然而然地顯露愉悅欣喜的神態；孝子捧著祭品放到席上的時候，由於內心充滿了孝敬的心意，於是臉上會洋溢著樂意的氣息，自然而然地帶有恭請親人盡情享用的表情。當孝子暫時退立一旁的時候，好像是恭敬地等待親人交代任務去執行似的。當祭祀典禮完畢，把祭品紛紛撤下，孝子退出門外仔細回想祭祀的一切時，臉上始終保持著孝敬愛親、虔誠懇切的神色，不曾稍有改變。如果一個孝子對他的親人具有深厚的愛意，內心一定會充滿寧靜祥和的氣息；如果內心充滿寧靜祥和的氣息，一定會表現出愉悅欣喜的神色；如果具有愉悅欣喜的神色，一定會流露出樂意恭請親人盡情享用的表情。

孝子主持祭祀典禮，他的目的不外乎希望能與親人再次相聚，能再略盡一分孝親敬養的心意。這種肫肫懇懇的真情、恭敬懷念的心意，必不會希望它只是空有其表的印象式之虛幻觀念，而會設法將這種心意具體落實，於是「祭如在，祭神如神在」就成了最好的說明。儘管鬼神是否確切存在於現實世界，始終無法獲得具體的結論；祭祀時人子準備的各式各樣的酒菜佳餚，親人是否真能前來享用也並不知情；然而對於孝子而言，這些都不是重點、也不成問題。因為孝子一旦進行祭祀，就認為親人「如」在面前，所以能事死「如」生，事亡「如」存，於是會感覺親人「如或饗之」、「如或嘗之」般宛若真實。可知孝子只要確實本著虔誠的心意認真去做，表現在外的行動就會是最為誠摯懇切的；只要確實本著誠敬的心意認真去做，表現在外的行動就會是最為自然實在的；只要確實本著敬愛親人的心意認真去做，表現在外的行動就會是最富含深厚愛意的。

一個能常懷孝心、常眷念已故親人的人，他必然會處處流露真情，懂得珍惜過去的一切，更知道回饋別人對自己的恩情，因而一舉手一投足都是真誠懇摯的表現，也因此能在祭禮之後，感覺為親人略盡心意而得到滿足與慰藉。所以，進行祭祀最重要的，不在於鬼神是否存在，而在於人子從事祭祀時是否果真具有那顆「誠敬的心」，是否能從內心發出「請再讓我孝敬一回」的殷切呼喚！

鬼神之爲德，其盛矣乎！視之而弗見、聽之而無聞、體物而不可遺。使天下之人齊（ㄓㄞ）明盛服以承祭祀，洋洋乎，如在其上、如在其左右。《詩》曰：「神之格思，不可度思，矧（ㄕㄣˇ）可射（ㄧˋ）思？」夫微之顯，誠之不可揜如此夫！

——〈中庸〉

註釋

德：鬼神所具有的性情與靈效。

體物：意思指鬼神爲萬物的本體。

齊明盛服：齋戒清潔，並穿著整齊的祭祀禮服。

格思：格，爲來、到、降臨的意思。思，爲代表聲音的語助詞。

矧可射思：矧，何況的意思。射，厭倦的意思。

揜：同「掩」，掩蔽之意。

無所不在的鬼神

雖然時代不斷地進步，科學昌明更是人類沾沾自喜的驕傲，然而天地之間到底有沒有鬼神，儘管歷經古今中外不盡其數的爭相討論，或者設法證明、或者尋求否證，卻始終沒有信服人心的結論。現在對於鬼神的疑惑尚且無法解決，二、三千年前的時代就更不用說了。雖然孔子「不語：怪、力、亂、神。」，也曾經針對行動派的子路詢問應該如何侍奉鬼神時，提出「未知生，焉知死。」的說法，但是這並不表示孔子否定鬼神的存在，也不能說明孔子認為人死亡以後就化為烏有的看法，因為孔子明知這種事情即使說破嘴皮、扯壞嗓子，都無法說得清楚、講得明白的，與其多作無益之說，不如多多表示緘默。

從孔子平日教導學生在幫助祭禮進行時，必須保持「濟濟漆漆」、「嚴威儼恪」的態度，顯現出端莊穩重、惶恐戒懼、矜持威儀的樣子，就可以知道孔子對祭祀典禮，始終抱持著「祭如在」的敬慎重正態度，絕對不是墨子所批評的「執無鬼而拜之」地虛晃一招。他只是等待有了適當的時機，才好提出恰當的說明。由於宰我在孔子的弟子群中，思辨能力比較強，因此藉由宰我對鬼神的疑問，孔子說明了鬼神的意義：

孔子認為眾生必死，人死之後，體魄就歸於塵土，當形體消失以後，卻仍然殘留有過去生活中虛無飄渺的記憶。當生者對於已故親人極端思念時，於是對過去的一些零碎記憶產生了串聯，而使印象逐漸顯明，甚至於能鮮活起來，就有了似「鬼」還真的感覺。至於魂氣則發揚於天，浮蕩在空中，當它凝聚到極端充盛的時候，就彷彿日月星辰一般地顯著，也彷彿流瀉出了清香的氣息，又似乎具有一股無法抗拒的悽愴之感，這就是「神」的作用。「鬼」與「神」的特性就在於此似模糊卻又清晰的影像中呈現。

由於「鬼」與「神」所具有的特質與作用，因此孔子就要大大地讚嘆「鬼神之為德，其盛矣乎！」可知鬼神雖然看似可見，卻又彷彿不能看清楚，聽又彷彿不能聽明白，然而卻不能不說是萬物的主體部分，是萬物所不可缺少的。就是由於這股神明靈覺的力量，因而它能使得天下的人都很虔心地進行齋戒淨潔的工作，然後慎重其事地穿上祭祀的禮服，以參與祭祀的典禮。祭祀的時候，鬼神就好像充滿而流動在自己的頭頂之上，又好像隨時位居在身體的左右兩旁。因此《詩・大雅・抑》就說：「神的降臨，是無法揣測的，因此必須隨時懷著敬意準備事奉，又豈可以感覺厭倦懈怠？」鬼神雖然本來是隱微難明的，但是卻能產生這樣顯明的效果，這都是由於其中的道理真實無妄，所以才能具有如此無法遮掩的效果！

鬼神到底在哪裡並不重要，重要的在於你如果能「誠乎己心」，就能「神乎其靈」，就可以感覺鬼神是無所不在的，而且還能歷歷「猶如」在眼前呢！

祭者，所以追養繼孝也。……是故孝子之事親也，有三道焉：生則養，沒則喪，喪畢則祭。養則觀其順也，喪則觀其哀也，祭則觀其敬而時也，盡此三道者，孝子之行也。

——〈祭統〉

註釋

追養繼孝：補充生前未盡的供養，而延長奉事父母的時間。

順：順從。

哀：哀戚、哀傷。

敬而時：內心誠敬而且按時行祭。

追養繼孝而民德歸厚

古代舉行祭禮時，常伴隨著詩與樂一起來。《毛詩》裡的頌詩部份，就都是記載著宗廟祭禮時演唱的祭祀詩。詩中，有的記載祖先篳路藍褸以啟山林的艱辛過程，有的記載家族的德業勳績與特殊榮耀，這些都可以留給後代子孫無盡的追思與無比的景仰。子孫們在莊嚴肅穆的氣氛與悠揚的樂聲中，一面聽著一首首的讚美詩，於是對祖先創業的歷史，有了更深切地體認，因而會油然滋生感恩的心意；一面和同宗的親族共聚一堂，依序列位，遵禮行儀，以實際體驗宗族之內血濃於水的感覺；並且由於周圍氣氛的醞釀，於是把現在與過去緊緊地結合在一起，同時也將真摯的感情往上延伸到數代以前，也推廣到現在的各親族之間。由此可知因為有了追遠的祭禮，而使得民德也可以歸於淳厚了。

一個人如果懂得反思，自然曉得人原本是赤裸裸地來到這個世界，眼前的一切，都是前人胼手胝足、辛苦耕耘所流傳下來的結晶，因此就會更珍惜目前所擁有的一切，也更懂得常懷感恩的心，而對死去的親人保有一份始終不渝的感情。一個人能對於過去的一切常懷感激、珍惜之情，自然而然地，心中必然也會時常充滿愛，會經常看到別人善良的一面，每當一想到別人對自己的好，就會更願意回饋別人對自己的真情，因而不但會厚待周圍的親人，也會類推這種感情來對待其他的故舊好友，而使社會上到處都洋溢著溫暖敦厚的人情味。

從長遠的價值來看，追遠的祭禮的確可以達到民德歸厚的效果。而祭禮的主體，就在於透過每一項具體的祭祀行為，來達成永遠懷念先人的目的。從每一項具體的祭祀，涵養感恩圖報的良好德性，所以對於父母的祭祀，就尤其顯得重要了。對父母行使祭祀禮儀，就是用以補充生前尚未完盡的奉養心意，而延長侍奉父母的時間。所以孝子侍奉父母，要注意三項原則：父母在世之時，要按時奉養；去世的時候，要能按規定服喪；喪期完畢後，則要定期舉行祭祀。人子奉養父母的時候，要注意觀察他是否能順從親長的心意；為父母服喪的時候，要注意觀察他是否能哀傷盡意；舉行祭禮的時候，要注意觀察他是否具有誠敬的心，能不能按時舉行祭禮。能實踐這三項原則，就是孝子的行為。

能按時對父母虔敬地祭祀，事亡如存、事死如生，就是盡孝的最好表現，也是仁愛之心的具體投射。倘若每個人的心中，能常常惦念著要延長侍奉父母的虔誠心意，且能實際地化為恭敬的祭祀行為，則上行下效的結果，晚輩們將更懂得如何侍奉長輩，家族倫理將可以得到重振，社會道德也將更為完善了。千萬不要現實地以為人死如燈滅，認為祭禮不但多餘而且無用，否則，還要慨嘆人情磽薄、世態炎涼、人心不古，那就太奇怪了！

第四篇

社交禮儀

鄉飲里射投壺樂

禮尚往來情味濃

（已冠）玄冠、玄端，奠摯（ㄓˋ）於君；遂以摯見於鄉大夫、鄉先生，以成人見也。

——〈冠義〉

註釋

玄端：黑色的禮服。

奠：擺在地上，表示不敢直接相授受。

摯：亦作「贄」，見面禮的意思。古人所攜帶的見面禮，隨著個人的身分而有所不同，〈曲禮〉即記載有：凡摯：天子鬯，諸侯圭，卿羔，大夫鴈，士雉，庶人之摯匹。

鄉大夫：鄉里中有官位的人。

鄉先生：鄉里中退休的官員。

首次社交的歷練

古代，對於還沒舉行過冠禮的人，不能稱為成人，而稱為「童子」；必須等待舉行過冠禮，成為成人以後，才有資格參加正式的社交活動。於是，古代在冠禮之後，就安排這位新成年人攜帶禮物，分別去拜見鄉里中的重要人物，展開第一次的社交禮儀活動，以見識見識世面。

冠禮過後，穿戴上黑色的衣裳和黑色的頭冠，攜帶著合適的禮物，正式去拜見國君這位大家族長。進入廳堂後，先把所攜帶的禮物擺在地上，表示態度謙虛不敢直接交與禮物的意思。接著，又攜帶禮物去拜見鄉里中有官位的人以及已退休的紳士老人。去拜見這些鄉里中的大人物，不但可以藉此機會見識一下世面，更希望能吸收這些大人物的生活經驗與智慧，以增長自己生活的閱歷，從他人實際的生活經驗去體驗真實的生活，以便自己日後在不同的場合中，可以有更恰當的反應能力。

舉行冠禮，是一個人邁入成人世界的重要關口，代表他經過家庭的長期調教，已經能夠認清自我的身分，曉得如何按照親疏遠近的關係來對待周圍的人，知道處理事情的原理原則，也理解明辨是非善惡的重要，可以說是具備了成人處事的基本能力。然而人類的生命歷程是漫長而崎嶇的，到處充滿著岔路與坑坑洞洞，一不小心，就有陷落的危險，甚至於一失足，就有粉身碎骨、萬劫不復的可能，因此，「活到老，學到老」永遠具有不朽的價值，能多聽聽別人生活的實際經驗與長期的生命體驗，以豐富自我處世的經驗，是最明智的生活態度。所以在冠禮後，便安排了拜見大人物的活動，就在於欲藉由這個第一次社交的經驗，讓年輕人多吸取大人物們難得的生命體悟，做為今後踏入成人世界時應有的借鑒。

《國語・晉語》中就記載著趙文子在冠禮之後拜見多位尊長，分別得到許多寶貴的生活經驗：欒武子教導他為人必須「務實」，范文子教導他處世必須「戒驕」，韓獻子教導他「成人之道，在於慎始與行善」，智武子教導他要秉承先人趙盾之忠與趙衰之文。這些尊長們提示的生命智慧，對他日後成為晉國的名大夫，具有積極的意義與助益。因為務實與戒驕，是個人的品德涵養與處事的基本態度；慎始以行善，則能使人日遷於佳境而不覺得勉強。能時時不忘祖先的忠貞與文采，不但能建立自我奮勉的目標，更能激發承先啟後的歷史使命感。

成人的第一次社交禮儀活動，除了可以得到許多寶貴的處世方針以外，更可以在實際見識世面中，訓練自己在面對大人物、大場面時，該有的應對進退的方法和從容不迫的氣度。畢竟要保有「動容周旋中禮」的雍容氣度、具有「說大人則藐之」的自若神態，使自己不但能明辨是非，還能堅定意見、侃侃而談，都必須經過一番歷練的。這些氣度、膽識與臨場反應的培養，在冠禮後第一次拜見尊長時，就是一個最重要的開始；這種歷練，對現代的年輕人而言，同樣具有不可磨滅的意義。

貴賤明，隆殺（ㄕㄞ）辨，和樂而不流，弟長而無遺，安燕而不亂，此五行者，足以正身安國矣。彼國安而天下安。故曰：吾觀於鄉，而知王道之易易也。

——〈鄉飲酒義〉

註釋

隆殺：隆重與遞減。

和樂而不流：和睦快樂而不失於禮。

弟長而無遺：從年少到年長的都沒有遺漏。

安燕而不亂：平安燕樂而不會發生亂子。

易易：容易推行。

鄉飲酒禮的妙用

古代，由於物質經濟並不如現代來得充裕，因此想要經常上館子打牙祭、吃大餐，是不太可能的。在這種情況下，利用鄉里間舉行特殊節慶的機會，大夥兒相聚飲酒就很盛行了。因為鄉飲酒的活動在古代非常普遍，而且由於鄉飲酒禮注重尊讓不爭、潔敬不慢等君子相接的道理，所以可以使人遠於打鬥爭訟的紛爭，也不會有強暴作亂的禍害發生，具有避免人們相互侵害的和諧作用。難怪孔子要說他觀看了鄉飲酒禮的舉行以後，就知道王者的教化不難推行的道理。

孔子之所以會把鄉飲酒禮和王者的推行教化合為一談，就在於鄉飲酒禮具有以下的五種作用：

第一，它具有辨明貴賤的功能。舉行鄉飲酒禮時，主人所宴請的賓客可分為三種，其中，主人必須親自到主賓和介（副賓）的家裡敦請他們務必賞臉出席，至於其他的賓客則到主賓的家中，跟隨著一同前往作客。

第二，它具有分別禮的隆殺的功能。主人對於三種賓客的禮節，各有隆殺的區別，對於主賓，見面時需行三揖三讓的大禮，飲酒獻酬之間，互相辭讓的禮節相當注重。至於主人和副賓之間的禮節，就稍微減省。至於眾賓，就更為減輕了。

第三，它具有和樂而不流的功能。飲酒之時，還有樂隊演奏助興。然而為求彼此能免於酒後失態，因而設有專人負責節制的任務，使大家能在不放肆失禮的原則下暢飲，享受和諧歡樂的氣氛。

第四，它具有弟長而無遺的功能。飲酒時，主人與賓、介相互酬酢一番後，眾賓之間，按照年齡的長幼順序依次而飲，都不會有所遺漏。

第五，它具有安燕而不亂的功能。彼此互相勸酒，雖可以不計其數，但是要遵守早上不耽誤早朝、黃昏不耽誤夕見的原則。由於飲酒能遵守規矩，所以能安然享受宴飲的快樂，而不會產生亂子。

由於鄉飲酒禮具有以上五種功能，因此可以修治人的身心，進而有安定國家的作用。當國家安定以後，天下也可隨著而安定。因此從鄉飲酒禮的普遍推行，養成彼此尊讓不爭、潔敬不慢的好德行，就可以知道王者的教化不難推行了。

對照現代的鄉里大拜拜（雖然愈到最近，在時空條件的改變下，大拜拜、大請客的風俗已經逐漸沒落），由於吃拜拜所引起的後遺症卻不勝枚舉，例如因為飲酒無節而導致口角、甚至於因為一言不合而引發鬥毆、造成終身遺憾的，都是時有所聞的，至於酒後駕車發生交通事故，導致車毀人亡甚且傷及無辜而遺憾終身的例子，就更不用說了。假如能重新看看古代舉行鄉飲酒活動時，多麼注重宴飲時行禮的規矩與秩序，而深入思考宴飲有節有序的重要，或許在現代人盡情吃喝之時，也會懂得應該有所節制。能做到宴飲有節，就可以真正享受宴飲之樂了。

禮無不答，言上之不虛取於下也。上必明正道以道（ㄉㄠˋ）民，民道之而有功，然後取其什一，故上用足而下不匱也；是以上下和親而不相怨也。和寧，禮之用也；此君臣上下之大義也。故曰：燕禮者，所以明君臣之義也。

——〈燕義〉

註釋

上之不虛取於下：在上位的不白白取得臣下的貢獻。

明正道以道民：正道，正確的政治方針。道民，指導、誘導人民遵從。

民道之而有功：人民遵從政府的政治方針去做事，而有所收穫。

取其什一：採取十分取一的賦稅方法。

匱：缺乏。

上不虛取於下

君臣之間，向來就是以義為重，共同負有強國富民的職責。因此為人臣子的，有竭盡心力與才能為國立功的責任，並且以輔助君王達成保民、愛民為使命；身為君王的，則應以適當的俸祿爵位來回報臣下的辛勞。在君臣一心，共同為國為民謀取福利的情況下，國家就可以得到安定富足，君王也可以得到清靜安寧了。

從禮法上說，沒有只是來而不往的；也就是說在上位的人不會白白取得臣下貢獻的，因此君王藉由燕（宴）請群臣的禮儀，來表達君王回饋臣下辛勤為國的努力，也代表君臣一心、共同為國的一致目標。在此大目標之下，在上位的必定會制定正確的政治方針，以引導人民按照既定的方向行事。人民能依從這個方針做事而有所收穫，然後政府估量人民的所得，抽取十分之一的賦稅，這樣一來，不但國庫能因而富足，人民也不會有所缺乏，於是政府與人民之間自然一團和氣，彼此和樂相親而沒有任何怨恨。國家社會之中，處處洋溢著和樂與安寧的氣氛，這是君民上下共同遵行禮義的結果，也是君臣之間共同實踐大義的用心所在。因此說：燕（宴）飲這套禮法，是用來發揚君臣大義而設的。

君王雖然位居高位、尊位，但是政策的擬定與執行，都需要幕僚人員與執行人員的實地策劃與推動，絕對無法單靠君王獨力成事的，所以選擇適當的時機設燕（宴）款待部屬臣僚，表明利益與臣屬共享的誠心，就有實際的需要。君王能以賓客之道接待辛勞的大臣，感謝大家竭盡心力地工作，為人臣屬的也自然知道必須始終保有人臣應盡的禮儀，於是君臣就能各盡其分，縮短君臣之間不可跨越的鴻溝，體會君臣本為以義相合的一體之親。倘若君臣之間能有此共同體的親密感覺，就不會有猜忌嫌疑發生，臣僚部屬也自然樂意盡犬馬之勞，鞠躬盡瘁為國盡忠、為人民謀福利。制定良好的政策而且不與民爭利，就能使百姓富足，成就人民的幸福，進而才能使社會富足安樂、國家安定和寧。

目前各機關、單位，大部分都會選擇每年的適當時機，招待所屬員工旅遊度假，或者準備豐盛的餐飲、精彩的節目以款待員工、乃至於其眷屬，表明長官對於部屬的感激與慰勞之意。從大夥的聚會中體會工作夥伴之間所具有的親近感覺，不但可以增進彼此的感情，也可以藉機鬆弛一下緊繃的心情，緩和一下工作的壓力。而且由於有此暫停一下的放鬆，才可以保持最佳的彈性與衝力，以便再作另一回合的衝刺，對於長官與部屬、老闆與員工之間的相互融合關係，都具有積極的意義。

射者，進退周還（ㄒㄩㄢˊ）必中（ㄓㄨㄥˋ）禮，內志正，外體直，然後持弓矢審固。持弓矢審固，然後可以言中，此可以觀德行矣。

射者，仁之道也。射，求正諸己，己正然後發，發而不中，則不怨勝己者，反求諸己而已矣！

——〈射義〉

註釋

周還：左右旋轉。

中禮：合乎規矩。

審固：拿穩弓弦瞄準目標。

反求諸己：自己退而反省自己射箭的技術如何。

由「射」可以觀德

射箭是一項技術，不但可以用來射殺鳥獸，提供物質資源；也可用來防禦敵人、保家衛國；因此古代非常注重「射箭」這項活動，認為它是男子必備的技藝，也是經略四方的基本能力，並且與禮、樂、御、書、數合稱「六藝」，在人生的活動歷程中，分別佔有重要的地位。

射箭的實際功能不難理解，而且在古代高性能的機械式器具尚未普遍的情況下，射箭更有它不可磨滅的重要性。但是，要將射箭的技術和人的德性相提並論，就必須深入思考了：

射箭的人，不論前進、後退、左右旋轉，都必須合乎規矩，內心要意志堅定，外表要身體正直，並且還要握穩弓弦、瞄準目標。當握穩弓弦、瞄準目標以後，才可以射中目標。由於射箭必須具備這些具體的條件，因而從射箭者的是否遵守規矩、有無投機取巧、意志是否專一、體態能否端正、精神有無灌注等實際表現，就可以觀察一個人的德行如何了。

射箭，還可以包含仁的道理。因為射箭的時候，必須先要求自己心平氣和、體態端正，拿得穩、瞄得準，不患得患失、不輕浮躁進，而且要配合著音樂的節拍，準備妥當後才從容而沈穩地發射。倘若箭發射出去卻沒有射中目標，也不會怨恨勝過自己的人，而會自己檢討技藝不如人的原因，以尋求改進的方法。

射箭，雖然是一種外發的行為技術，但是箭之能否射中靶心，卻有賴於射箭者本身之心志是否專一、技巧之是否純熟而定，因而最容易養成凡事必須反求諸己的習慣；又由於射箭時還有音樂節奏的節制作用，所以容易培養遇事從容不迫的雍容氣度，進而能涵養仁德的特性。由於射箭具有此特質，所以從一個人的射箭行為，可以觀察這個人的德性如何。

孔子說：「君子無所爭，必也射乎！揖讓而升，下而飲，其爭也君子！」就在於射箭的技術完全操之在我，因而比賽射箭時，必定要揖拜推讓一番才登堂射箭，既射以後，下了堂來，又一同飲酒，這種競爭的方式也夠富有君子風度了！何況，再從現實生活來看，在生命的歷程中，周遭的環境隨時都存在著競爭，有時要與自然環境競爭，有時則不免要與別人競爭，更重要的而且更多的時候是要與自己競爭、比較的，看看今日的我是否比昨日的我更為長進。既然「爭」是免不了的，那麼，如何培養具有「君子之爭」的氣度才是積極而重要的。從古代射禮所蘊涵的德性意義，倒可以提供現代人一些生活上的啟示。

第五篇

朝廷禮儀

圭璋禮聘介為傳
效命朝廷有勇強

介紹而傳命，君子於其所尊，弗敢質，敬之至也。三讓而后傳命，三讓而后入廟門，三揖而后至階，三讓而后升，所以致尊讓也。

——〈聘義〉

註釋

介：統稱替賓主傳話的人；若詳加區別，則有擯（ㄅㄧㄣˋ）與介之名。

紹：繼承，由上擯（受主君之命）依次傳與承擯、末擯，再傳到賓的末介、次介、上介，然後由上介上傳至賓。

質：形容態度莊重而不敢簡慢，不敢以自己與對方的地位相當。

麻煩轉介有理由

如果我們仔細回想一下古裝戲劇中文武百官入朝的場景，對於官員們經過層層關卡往上通報請求覲見，而皇上則透過傳令的人員層層下達降旨宣某某屬臣上殿覲見的情節，應該都不會太陌生。這種層層通報、層層傳令的程序，在現代人的眼裡看來，不免要覺得繁瑣而缺乏效率，但是，如果我們以另一種角度與心情來看，就可以發覺這麼麻煩的朝廷禮儀程序，其實還可以給予我們另一種敬慎重正、莊嚴肅穆的感覺，增加一點冷靜思考的時機，對於君臣之間的名分對待關係，還可以增添無形的規範作用。也就是說，天子上朝聽政，由於設有一套既定的威儀，因而容易讓人有肅然起敬的感覺，官員們也不由得會更慎重地處理朝政，所以一些看似麻煩的禮儀規定，如果深入地從它設立的動機來看，我們將可以發現一切麻煩還都有它的理由呢！

天子的朝禮，固然有一套威不可犯的禮儀以顯示君臣之間的道義，為了使諸侯能以禮相勉勵，彼此之間更能以禮相待，而不以兵戎相向、相互侵陵，於是天子為諸侯訂有相互聘問的禮儀，使諸侯們能從彼此相互敬讓的交往中，養成相接以禮、不相侵陵的對待之道。因此在聘禮之中，就可以很清楚地看到擯與介分別代替主與賓傳話，而互行三揖三讓之禮的敬讓之道了：

進行聘禮時，要使擯介一個接一個地傳達主君與來賓的話，而不由賓主直接接洽，因為君子對於自己所尊重的人，不敢以為與對方的地位相當，所以不便與對方直接對話，而是態度非常莊重、絲毫不敢簡慢地，藉由傳話的人傳達自己最尊敬的誠意。賓客到達時，看到主人安排了擯的傳話人員，並且以貴客之禮接待，於是連忙推辭退讓三次，表示不敢當的意思。推讓三次之後，才傳達君主命令自己前來聘問的使命，然後進入廟門。一進入廟門，主人走在東方稍前的位置，賓客則跟在西方稍後的位置，賓主相向作揖；轉向面對臺階時，則第二次彼此作揖，禮讓對方先行登上臺階；到達相對於庭中立碑的位置時，主人則第三次作揖，禮讓賓客先行登上臺階；在主人三揖、賓客三讓之後，才由主人先行登上臺階，引導賓客進入。這種三揖三讓的禮儀實踐，就是實地履行極端尊敬禮讓對方的心意。

我們只要仔細觀察人世間的紛爭，就可以發現紛爭常常起於爭一時之快、逞一時之意氣，而後終於釀成不可收拾的悲劇。如果平時能養成退一步想、忍一時氣的良好習慣，懂得在重要的關頭緊急煞車，將可以享受海闊天空的寬廣視野，對於締造祥和的社會，不啻是一劑非常有效的催化劑；尤其對於與日俱升的犯罪事件，應當更有緩和的作用。當自詡為講求效率第一、時間至上的現代人，自以為聰明地嘲笑古人三揖三讓的禮節迂腐、做事遲緩時，不知你是否可以換個角度想想：如果懂得實踐揖讓的舉動，且能形成習慣，那麼，雖然只是一停頓、一轉向，但是對於血氣方剛的年輕人而言，由於能避開剎那間的衝突，要想化戾氣而致祥和，將會俯拾即是了。

夫昔者君子比德於玉焉。溫潤而澤，仁也；縝密以栗，知也；廉而不劌（ㄍㄨㄟˋ），義也；垂之如隊（ㄓㄨㄟˋ），禮也；叩之，其聲清越以長，其終詘（ㄑㄩ）然，樂也；瑕不掩瑜、瑜不掩瑕，忠也；孚尹旁達，信（ㄕㄣ）也；氣如白虹，天也；精神見于山川，地也；圭璋特達，德也。天下莫不貴者，道也。《詩》云：「言念君子，溫其如玉。」故君子貴之也。

——〈聘義〉

註釋

縝密以栗：縝，細緻。密，精密。栗，堅實。

廉而不劌：廉，稜。劌，割傷。指玉雖有方正的稜角，但是不傷人。

瑕不揜瑜、瑜不揜瑕：比喻玉總是毫不保留忠誠地將眞實的一面呈現出來。

孚尹旁達：玉的色澤好像竹子的青綠色一般，光彩外發，通達四方。

君子貴玉多玄機

大汶口墓地出土的隨葬物品，已出現玉鏟、玉臂環、玉指環等裝飾品，可知從新石器時代開始，古人已經普遍使用各種玉石。古人不但對於玉石喜愛有加，而且還保有一分神祕的感覺，認為它具有靈效，可以趨吉避凶，因此把它用來陪葬，同時還把它做為祭祀典禮中的重要禮器。

由於古人長期以來生活上對於石器的倚賴，所以石器的製造與應用都起源很早，連帶地，對於石器的琢磨技術也發展得較早。由於人類的生活和石器的關係密不可分，在多方接觸下，對於石器的特性必然多有掌握，而且在親近、使用它之餘，進而對它產生喜好與崇拜的心理，就是非常自然的現象了。更因為琢磨技術的進步，於是發現「玉」是一種美石，屬於山川的精英，不但質地溫潤細緻，而且還具有許多寶貴的特質，所以更能贏得君子的喜好與珍愛，認為玉具有難得的德性。細數玉石令君子寶貴的理由，則可以發現玉石擁有下列的美德：

玉的質地溫潤晶瑩而豐美，就好像仁者所具有的溫和敦厚之德性；紋理細緻而堅實，就好像智者所具有的縝密講理之德性；稜角方正分明而不傷害人，就好像義者所具有的義不傷人之德性。古人腰間配掛玉珮，玉珮的重心垂而下墜，就好像有禮的君子懂得謙恭下人的道理。倘若敲打一下玉石，玉石就會發出清脆的聲音，聲調發揚而悠長，當聲音終止的時候就軒然而止，好像初奏時發揚的音調，在樂音停止時，又可有節制地歸於寂然無聲而不喧鬧。玉石如果稍有紋理上的瑕疵，並不會因此就掩蓋了玉其他部分的美好；相對地，大體美好的玉也不會因而掩蓋它紋理的瑕疵；也就是說，玉就像具有忠實德性的人一般，總是毫無隱瞞地，將自我真實的一面毫無保留地呈現出來。玉的顏色，好像竹子上青綠色彩的光澤外發而通達於四方，就好像人由於內心擁有誠信的德性，而形色自然表現於外。玉的光彩，如同天上太陽發出的白光，具有好像天一般無所不覆的美德。蘊藏在地的玉，它的精華神氣就表現於山川之間，如同地氣含藏於內而發散於外，具有好像地一般無所不載的厚實德性。古代看重聘禮，因而專門以玉的材質做成圭璋之信物，就是因為玉石具有美德的緣故。普天之下都以玉為貴重的寶物，就因為玉石含藏了美德，好像代表著真理一般可貴。所以《詩・秦風・小戎》說：「真想念在外的夫君啊！他的容貌溫柔，就好像具有玉的手采一般。」因為玉具有這麼多的美德，所以有德性的人都寶貴、珍愛它。由此也更可以體會何以古之君子要在腰間佩戴一串玉珮，因為穩重的步履可以帶動玉珮發出清脆悅耳的聲音，而疾劇的動作卻足以引來急促的噪音，所以可以即時提醒佩玉者調整自己的步伐，以回復從容和緩之狀態。

直到現在，人們對於玉石的喜愛，更可說是有過之而無不及，並且還藉由科學的原理，說明玉具有調理人體血氣、安定躁動心性的特殊功能，可以說和古代君子將玉比擬美德的說法如出一轍。今天，當我們賞玩或佩戴各種玉石之時，如果能多想想古人佩戴玉珮以調理性情、節制莽撞行為的深義，而更懂得自我節制，相信玉石對於現代人的價值，就更為真切而有意義了。

以圭（ㄍㄨㄟ）璋聘，重禮也；已聘而還圭璋，此輕財而重禮之義也。諸侯相厲以輕財重禮，則民作讓矣。……盡之以禮，則內君臣不相陵，而外不相侵。

——〈聘義〉

註釋

相厲：互相勉勵。

不相陵：不相欺陵。

不相侵：不相侵伐。

輕財重義的示範

由於世人對於玉石的喜愛與崇拜，因而不但重要的祭祀典禮上必定有玉製的禮器，朝聘大禮之上也用玉製的器物做為信物，聘禮更專門以圭璋的珍貴玉器為禮。古代，對於天地四方的祭祀，是祭祀中的大禮，因此按理必須準備玉製的禮器，所以在《周禮・春官・大宗伯》之中，就記載了以玉製的六種素樸而且貴重的禮器禮敬天地四方的紀錄：以蒼璧禮敬天，以黃琮禮敬地，以青圭禮敬東方，以赤璋禮敬南方，以白琥禮敬西方，以玄璜禮敬北方。可知圭璋的玉器，在古人的心目中，是神聖而貴重的；將圭璋做為聘禮的信物，更是看重聘禮的意思。

圭，由石斧轉變而來，造型原始；璋，同樣導源於石斧，造型像半圭。由於石斧是古人生活中常用的利器，具有裁斷器物的作用，因而由石斧的造型轉變而來的圭與璋，就具有象徵權力的意思，於是天子以圭璋做為禮聘朝臣的信物。由於天子取圭璋為禮聘朝臣的信物，所以聘禮中的信物也是以圭璋為禮。由於圭璋原本是祭祀東方與南方帝神的玉器，因此具有象徵東、南方生機蓬勃的意義。將這種象徵生機發展的圭璋，用作往來聘問的寶貴信物，就有象徵諸侯國彼此的關係將會充滿了蓬勃發展的生機，而不會隱含著互相侵陵的肅殺之氣的作用。

用圭璋這樣貴重的器物做為聘禮的信物，就是重禮的表示；既聘之後，主君將圭璋還給賓客，更是表示輕視財物而重視禮義的意思。諸侯之間如果能以輕財重禮的道理互相勉勵，那麼，諸侯國內所屬的人民也會油然興起廉讓的風俗了。聘禮之中，做為主人的國家，對待客人非常週到，賞賜的財物非常豐厚，總以能極盡於禮義為目的。由於彼此聘問能夠極盡於禮義，因此國內不會有君臣相欺陵的事，國外也不會有諸侯相侵伐的狀況發生。

古代進行聘禮時，擔任主君的國家，不但為賓客準備了豐足的饔餼（ㄩㄥ ㄒㄧ 指熟食與活的牲口）牲牢、芻薪糧草，又舉辦了燕（通「宴」）、饗（ㄒㄧㄤˇ，通「享」，意指國君待客的盛大饗餐。）、食等盛大的宴飲之禮，另外還會賞賜應時的新物，慷慨待客絕不吝嗇，處處表現對於聘禮的重視。諸侯國在這種相交以禮、相待以道的良好氛圍下，自然容易培養國與國之間講求道義的習尚，對於穩定各諸侯國的和平關係有莫大的幫助。反觀現在的國際局勢，明顯的是「弱國無外交」的現象，更由於國際間講求現實利害，注重彼此條件的交換，在這種不以道義為取向、處處充滿了波譎雲詭、爾虞我詐的現況中，無可諱言地，「自求多福」應該是最合乎實際的做法。然而，為求人類長久的和平幸福與永續發展，在「自求多福」的同時，卻不能不考慮：重視道義而輕視近利，或許才是獲得永久幸福的最佳保障呢！

勇敢強有力者，天下無事，則用之於禮義；天下有事，則用之於戰勝。用之於戰勝則無敵，用之於禮義則順治。外無敵，內順治，此之謂盛德。故聖王之貴勇敢強有力如此也。勇敢強有力而不用之於禮義戰勝，而用之於爭鬥，則謂之亂人。刑罰行於國，所誅者亂人也。如此，則民順治而國安也。

——〈聘義〉

註釋

順治：順服平治。

誅：罰、治罪。

重用勇有強力的人

要想使國家安定、社會發展，有兩種人必須妥為安置，一類是聰明有才智的人，一類是勇敢而強有力的人；如果對這兩類人安排不妥當，那麼，前者容易以文犯法，後者則淪於以武犯禁，而使百姓不得治理、社會動盪不安，終至於國家不得安寧。因此聖賢之君在位，都會極力設法安頓這兩類人，以謀求國家的長治久安。以下，我們將討論如何重用勇敢而強有力的人：

讓我們先回顧一下古代的生活，就可以發現當時號稱為國家大事的，總計有兵戎與祭祀兩大類，也就是《左傳》所說的「國之大事在祀與戎。」的意思。由於祭祀是神聖的，更是生活的主要內容，因此殷商時期一年之中例行的祭祀就高達一百多天，不但祭祀活動的次數頻繁，而且每次祭祀的時間也很長。即使到了周代，祭祀的頻率雖然降低了，但是每次的祭祀活動，卻經常從早晨直到黃昏，因此如果不是強有力的人，實在無法毫無怠惰地撐完整場祭禮的活動。因此必須具有堅強意志與毅力的人，才能忍人所不能忍，而能專心一意地執行一般人所難於執行的工作，並且能以齊莊不懈的態度完成應有的禮儀，養成凡事不但能行所當行，而且還能處處合乎義理的作風，因而可以成為真正勇敢的人。這也就是為什麼古人認為只有勇敢而強有力的人，才能貫徹實行禮義的道理。

勇敢而強有力的人，當天下太平的時候，則用他們來執行禮義方面的事；如果天下有事，則用他們從事於戰爭克敵的事。讓這些勇敢有強力的人從事戰爭克敵的工作，就能所向無敵、戰無不克；讓這些勇敢有強力的人從事遵禮行義的工作，就能使禮義大行、人民順治，造成太平的局面。一個國家到了外無敵人、內部又能和平順治時，就可以稱做擁有「盛德」了。所以聖明的君王非常看重勇敢而強有力的人，就是因為他們擁有締造「盛德」的能力。倘若徒然擁有勇敢且強有力的特性，卻又不把這種特性用在遵行禮義、戰爭克敵之上，而是用在爭強鬥狠的匹夫之勇上，那就叫做「亂人」。國家制定刑罰，所要誅殺懲罰的對象，正是這種違法亂紀的「亂人」。能夠這樣善於重用勇敢而強有力的人，又能妥為誅殺懲罰亂人，雙管齊下，才能使人民順服平治、國家得到安寧。

每個人都希望自己是個勇敢而強有力的人，而不願意被認為是懦弱無能的窩囊廢，尤其是血氣方剛的年輕人，總是經不起別人的激降與挑逗，且經常選擇以爭強鬥狠的方式，來「證明」他是勇敢而強有力的。青少年集體飆車、械鬥，砍伐路人、攻擊警察、派出所、警察局等事件已不是什麼新鮮事了；暴力犯罪的案例更是愈來愈多、手段也愈來愈殘忍，甚至於可以當街把人給活活打死，而沒有人「敢」上前阻擋；諸如此類的血腥、暴力事件，的確是夠「猛」、夠「力」的了，然而由於不合乎「義」，所以當然不是「勇敢」，也不是「強者」的做為。萬一倒楣被打死的人是自己的親朋好友，又該如何呢？尋仇報復嗎？冤冤相報何時休！別忘了：一把利刃，可以是救人的手術刀，也可以是殺人的兇器！就在於「義」與「不義」而已！勇敢與強力也是如此！

第六篇

理想的國度

儒家自是有理想

情理和諧重中庸

儒者的風範

仁義立風骨　逸樂不能淫

儒有居處齊（ㄓㄞ）難（ㄋㄢˋ），其坐起恭敬，言必先信，行必中正。道塗不爭險易之利，冬夏不爭陰陽之和。愛其死以有待也，養其身以有爲也。其備豫有如此者。

——〈儒行〉

註釋

齊難：「齊」代表齋戒之心與莊重之意。「難」當爲「戁」之意，有恭敬肅穆之心。「齊難」說明儒者居處之時，時時保持齊莊嚴肅之心，勤勉行事而令人敬畏。

不爭險易之利：不計較艱險或坦易的便利。

備豫：預爲準備。

不輕言犧牲不是怕死

有些儒者日常的生活起居活動，都很齊莊嚴肅，天天都勤勉地做事而令人敬畏。他們的行住坐立，處處都表現得很恭敬，每說一句話，都會考慮它是否信用實在，每一行為動作，一定要求能合乎中正和平的原則而沒有偏差。他們走在任何路途上，不會去計較艱險或坦易的便利而和人起爭執；無論是冬天或夏天的任何時間內，也不會去計較夏涼冬暖的舒適而跟別人鬧意氣、發生不愉快。儒者處處與人無爭、與世無爭，但是對於自己的生命卻非常愛惜，這不是貪生怕死，而是期待能為世所用；對於身體非常注重保養，時時不忘培養自己成為有用的人，以便當機會來臨時可以有所做為。儒者對於自己道德修養的儲備、生命價值的預估，往往有像這個樣子的。

生命只有一次，無法重新來過，因此活著的時候，時時刻刻都得謹言慎行，以防一失足，已成百年身。「年輕不要留白」，用來鼓勵年輕人要積極創造色彩繽紛的人生是不錯的，問題是色彩繽紛的人生，絕對不是意謂著天天把自己打扮得五顏六色，在聲色犬馬的場合中盡情地馳騁縱慾，更不是稍有不如意，便惡言相對、大打出手，以逞自己年輕勇猛、毫不服輸的盛氣；更不是與朋友相處共事，不但不能吃虧，甚且還要算及錙銖、斤斤計較，以免利益受損，每天眼裡所看、心裡所想的，都是些蠅頭小利，經常逞意氣之爭，不但傷害彼此的和氣，甚且還會大動干戈，血流五步。如此的人生，也的確是「色彩繽紛」、夠「充實」而刺激動感的了，但是你可曾想過：在激烈的行為之後，周遭有多少人傷痕累累？多少人要為此傷心落淚？家庭、社會與國家，又要付出多大的代價？如果還要昧於事實地說：「好漢做事好漢當！」、「這一切，我無怨無悔！」、「幾十年後，又是好漢一條！」那麼，我們不禁要質疑：如此的好漢，和野生動物的廝殺搏鬥所差凡幾？「好漢」真的又「擔當」了什麼？

儒者對於自己的生命價值，就不是如此看待了。雖然人人都會死，但是儒者會區分死有重於泰山，也有輕於鴻毛的，如果只是意氣之爭、利益之爭，那麼，自然要把死看得很重，因為人生還有許多更重要的事等待自己有生之年去完成，如果不是什麼殺身成仁、捨身取義的特殊大事，生命是必須好好珍惜，不可輕言犧牲的。古人不是說過：「千金之子，不死於盜賊！」、「君子不立於危牆之下！」這不是可惜無法享受富貴的遺憾，也不是因為被壓而死太可憐了，而是認為這樣地死，太不值得了。富貴不是罪惡，當然不必因為富貴而喪命。一個人如果能珍惜自己的生命，懂得善用富貴的價值，富貴還可以造福更多人的；何不讓富貴發揮它最大的功能與價值？君子的養成並不容易，因此身為君子的，更應該時時刻刻懷抱神聖的使命感，準備長期為社會人群服務，怎可毫不注意地立於危牆之下，使自己的生命處在旦夕之間？還要惹得身旁多少人為自己提心吊膽？因而一個真正的儒者，是最愛惜生命，不輕言犧牲的。

儒者有不寶金玉，而忠信以爲寶。不祈土地，立義以爲土地。不祈多積，多文以爲富。難得而易祿也，易祿而難畜也。非時不見，不亦難得乎？非義不合，不亦難畜（ㄒㄩˋ）乎？先勞而後祿，不亦易祿乎！其近人有如此者。

——〈儒行〉

註釋

立義以為土地：形容立身之處。

多積：多所積蓄。

難得而易祿：很難羅致，卻很容易供養。

易祿而難畜：畜，畜養。雖然容易供養，卻難以羈留。

以「義」論去留

有些儒者從來就不以金玉是足以寶貴的，而認為能擁有忠信的美德才是寶貴的；從來不希求購買田產等有形的財產，而總是以能建立正確的義理觀念為一個人立身的基礎；從來不希求能多所積蓄財物，而總是以能多學得一些詩書六藝等人文涵養為富有。這種儒者是很難延聘羅致的，但是卻很容易以正當合理的報酬請他任職，為百姓做事；雖然容易以正道請他出來任職，卻又很難用高官厚祿來羈留他。因為這類儒者如果不在適當的時機，往往是隱退深藏而不願意出來表現的，所以是很難羅致的。相反的，在上位的人如果不講義理，儒者就絕對不會苟合，即使用高官厚祿也很難羈留他。由於這類的儒者一定會先努力為國家做事，然後才願意接受應得的俸祿供養，所以從另一個角度說，又是很容易請他為國任職的。儒者在待人接物方面容易與人親近，往往就是因為出處能合乎「義」的緣故。

一般人都重視金玉、田產等有形的財富，然而儒者卻重視忠信、道義與藝文等偏向精神方面的珍寶，由於彼此所重視的不同，因此儒者不會與人爭，而容易與一般人親近。有形的財富由於它是具體實用的，因而受到人人的喜愛，但是又因為它的數量有限，所以為了擁有它，人們也就不能不爭了。由於生活中不免於為財富爭長論短，因此產生利害衝突就是勢所難免的，尤其在利益掛帥之下，彼此要真心相親就有些困難了。至於儒者，則由於不與一般人計較財富利益，所以彼此不會形成利益衝突，所以容易與人相親近。

儒者雖然注重忠信、道義與藝文等自我本事的充實，但是，獨善其身畢竟無法有效地改善社會環境，勢必要將既有的本事好好發揮，才可以真正為民為國做事，為社會謀福利，為人民爭取幸福，因而只要在上者能誠心為國，以禮相邀，以義相待，儒者自然願意挺身而出，全心全意為國做事。儒者一旦決定出仕任職，一切行事取與都會以道義為依歸，不義則去，絕不苟合，不會貪圖高官厚祿的供養，更不受權貴利祿的羈留，因此只要在上者能注重道德仁義，儒者不但容易親近，處理事情還會竭誠以赴。

做事需要優秀的才能，但是要把事情做得完善、做得對人類長遠的幸福有幫助，就不但需要能力，而且還更需要德性了。因而一個能躬行實踐道德仁義、遵守忠信處世原則、胸懷詩書六藝本事的儒者，由於才德兼備，懂得什麼事「應該」做，什麼事「不應該」做，也曉得應該怎樣做，所以是為國做事的最好人才。在位者如果能知人善任、以道義相待，就能使儒者長久為國效命，如此就是國家之福，更是人民之幸；在上者如果只是招攬一些聽話的奴才，不但不足以成就千秋萬世的事業，恐怕不需多久的時間，國家大事就要弊端叢生、積重難返了。

儒有委之以貨財，淹之以樂（ㄌㄜ）好；見利不虧其義。劫之以眾，沮（ㄐㄩˇ）之以兵，見死不更其守。鷙（ㄓˋ）蟲攫（ㄐㄩㄝˊ）搏，不程勇者；引重鼎，不程其力。往者不悔，來者不豫，過言不再，流言不極，不斷其威，不習其謀。其特立有如此者。

——〈儒行〉

註釋

委之以貨財，淹之以樂好：用錢財物品贈送他；用玩樂愛好來浸漬、包圍他。

劫之以眾，沮之以兵：「沮」，使人恐懼。用很多人來威脅他、用武器來恐嚇他。

鷙蟲攫搏不程勇者：「鷙」，猛鳥。「程」，考量。形容雖然惡勢力當前，仍然奮勇向前，不考慮力量如何。

過言不再，流言不極：偶爾說錯話就立刻改過，對於謠言也不深究來源。

不斷其威，不習其謀：時常保持威儀使人敬畏，不鑽營謀略而行所當行。

辨義利以立儒者風骨

儒者即使遇到有人贈送大量的錢財禮品來請託，或者用一般人的玩樂愛好來包圍他，他都不會因為眼前的大批利益，而作出不辨是非、有損道德仁義的事來。倘若遇到有人以群眾的力量來威脅他，拿著武器來恐嚇他，儘管擺在面前的只有死路一條，他也會堅持道義原則，不會做出違背良知、改變操守的事來。有時為了伸張正義，即使惡勢力當前，他也會奮勇向前、拼命搏鬥，根本無暇先考慮自己的力量夠不夠；有時為了擔當國家安危的重任，只要是事在當行，就義無反顧地承擔一切，也不去考慮自己的能力如何。由於一舉一動都能合乎道義，因而對於已經做過的事不會感到後悔；對於還沒有做的事，只要它是應該做的，儒者就毫不猶豫地認真去做，而不去計較後果與成敗如何。偶爾因為說話不慎而出錯，就立刻改過，絕對不再犯第二次錯誤；對於蜚短流長的謠言，也不加以深究，而讓謠言自然平息。凡事只求自己行得正、做得端，時時保持自己的威儀，而不去鑽營、學習一些不正當的手段以謀取不當的利益。儒者的立身處世，就是這麼具有與眾不同的獨特之處。

想要擁有權勢利祿、享受安逸耽樂，是人性常見的弱點。因此社會上有些人做事，為了要達到目的，往往不擇手段，經常針對人性的弱點而設計圈套使人陷溺，或者以高位交換條件、或者以重金買通關節、或者以酒色淫佚其心志、或者以玩樂消磨其雄心，只要能達成目的，總是無所不用其極。如果一個人無法堅定自我的意志、不能把持自我處世的原則、經不起外在的誘惑，不但很容易敗壞自己的名節，影響家庭的幸福，還會對社會國家造成極大的損害。所以儒者的修養，非常注重義利之辨，就算頭會斷、血會流，只要是大義所在，其志則不可屈從。

儒者的風骨，就應當做到如孟子所說的：「富貴不能淫，貧賤不能移，威武不能屈，此之謂大丈夫。」要成為大丈夫，平時就要善養浩然正氣、培養大義凜然、剛正不阿、不屈不撓的精神，才可以在面對官商勾結足以謀取暴利、利益輸送可以一夜致富的關鍵時刻即時喊停，才可以在酒色當前、美味雜陳、玩樂當頭時適時斬斷誘惑。人生不過數十寒暑，如果不能多為人類長遠的將來打算，懂得嚴加分辨該與不該，知道應該有所不為、應該有所堅持，而只是一味地純任慾望放恣伸展，聰明地不必以天下為己任，識時務地知其不可而不為，那麼，當國家民族存亡危之時，再也不會有可歌可泣的血淚歷史發生，而人類的世界將會面臨比禽獸之間弱肉強食的狀況更加乖張恐怖的廝殺局面。

儒有忠信以爲甲冑，禮義以爲干櫓，戴仁而行，抱義而處，雖有暴政，不更其所。其自立有如此者。

——〈儒行〉

註釋

甲冑：甲，鐵甲。冑，頭盔。

干櫓：干，小盾。櫓，大盾。

戴仁而行，抱義而處：無論行動或安居都能謹守仁義，好像頭頂著仁、手抱著義一般。

掌握立身處世的資糧

有些儒者用忠信做為盔甲以保護自己，用禮義做為盾牌以抵禦患難，無論行動或安居，都謹守著仁愛的前提，碰到事情需要裁斷時，更都是以道義為標準，雖然遇到暴虐的政治，也不會改變自己向來處世的原則和立場。儒者自立於社會之中，他的自我操守原則就是這樣屹立不搖的。

忠是盡心盡力做事的態度，信是實實在在待人的行為，禮是建立行為規範的依據，義是評斷是非善惡的標準。一個人在日常生活中，如果能時時把握忠信的原則，那麼他凡所做事必定會盡心盡力，與人相待也必定會誠實守信，是非善惡能分辨，守正不阿不屈撓，因而能夠事事合乎禮義，行動合乎義理。能以這種處世的態度立身於社會上，必能以仁愛之心做為自我內在心靈最堅實的裝備，而將禮義之行做為外在舉動最可靠的標誌，因而能樹立自我在社會上屹立不搖的獨特風格，久而久之，自然會贏得人們由衷地敬佩，人們更不敢以違禮犯義的方式來欺侮他。所以忠信與禮義，就好像盔甲與盾牌一樣，是保護自己最好的方法，即使是遭遇暴政，也足以安身立命。

功名利祿雖然可以讓人風光體面、光彩耀人，但是這種來自外界的賦予，操之在外的變數太多，不足以成為一個人立身處世的憑藉。因為生命的絕大部分都是平實、平淡的，所以一個人立身處世的憑藉，也該找個平實牢靠的基礎。當我們對於講求忠信禮義感覺八股落伍、不夠新潮前衛時，我們可否仔細想想：再新的新新人類社會，需不需要彼此往來交際？如果彼此只有爾虞我詐，不知誠信待人，彼此又要如何相處？每個人如果只想從事輕鬆賺錢的工作，而不願意辛勤地耕耘、盡心盡力地做事，又哪有那麼多的資源可供消耗呢？賺取錢財的多寡、難易與方式，一旦無法與物質的經濟價值觀、社會的群體價值觀取得適當的平衡，在笑貧不笑娼的社會中，是很少不出亂子的。儘管以誠待人、竭盡心力做事，難免要被注重機巧的現代人視為迂腐、愚笨，然而它們雖不夠絢麗，卻是平實而操之在我，可以據以立足而長久適用於世的。尤其在經濟不景氣，公司行號紛紛裁員的時候，那些小本經營的「小吃」、「小小吃」生意，雖然無法在短期間賺入鉅富，不過，這種穩紮穩打地經營，卻也正是「度小月」的極佳方式。君不見不少知名連鎖店的大老闆，還是因為公司倒閉後，再重新經過長期的慘澹經營而獲得豐碩之果實的。

要想立身處世穩固，就要遵行忠信的做人做事原則，更具體地說，就是要落實道德仁義的規範。固然古今的時空早已有所轉變，規範的實際內容也會有所改變，然而建立規範的必要、確立是非善惡判斷的標準，永遠有它無法改變的重要性。如果人還想在人生的舞臺上長久扮演下去，人勢必要遵守演出這齣戲的遊戲規則。當戲臺上的演出亂了秩序，戲中又混淆了是非善惡等價值觀時，這一齣戲是很難不以混亂狀態收場的。實際的人生又何嘗不是如此呢？所以對於禮義的要求儘管古老，然而它卻是一個人立身處世的資糧，憑藉著它，可以使人獲得安身立命的保障。

儒有今人與居，古人與稽；今世行之，後世以爲楷。適弗逢世，上弗援，下弗推，讒（ㄔㄢˊ）諂（ㄔㄢˇ）之民，有比（ㄅㄧˋ）黨而危之者。身可危也，而志不可奪也。雖危起居，竟信其志，猶將不忘百姓之病也。其憂思有如此者。

——〈儒行〉

註釋

稽：稽考。

上弗援，下弗推：在上位的人不引用，在下位的人不推薦。

讒諂之民：「讒」，以不實之說詆毀人的謠言。喜歡造謠諂媚的人。

比黨而危之：連結群黨而加以陷害儒者。

竟信其志：信，讀如屈伸之伸。意思指終究要伸展他的志向。

常懷一世的憂思

儒者雖然生於當今之世，與現代的人生活在一起，但是他卻經常考察古人的行為模式，選擇可以做為自己為人處世的準則而加以模仿；時時保持中正之道，經常想著自己的做為要為後世留下楷模，因而他的所言所行都非常嚴肅謹慎。有時候如果不能碰上政治清明的時代，不但沒有在上位的賞識而加以提拔援引，下面的人又不能了解他，不能推舉進薦他，環繞在他身邊的，卻多的是一些喜歡造謠生事、阿諛諂媚的人等在一旁伺機扯後腿，甚且還由於嫉妒厭惡儒者的不同流俗，而連結群黨，加以陷害儒者。在這種情形之下，外界橫加的傷害，充其量，只能損傷到儒者的身體，而絕對無法改變他原有的心志；雖然日常生活起居會受到一些困擾，但是在處事做為上卻始終能保持他原來的心意，仍舊依照直道而行，絲毫不受影響，即使在最艱難的情況下，他還是念念不忘百姓的困苦，總要設法多為百姓多做一點事。儒者憂國思民的胸懷常常都是這樣的。

在現實生活裡，一個真正頂天立地的人，總是懷抱著高遠的理想，隨時隨地在為歷史的傳承盡心盡力，因此「先天下之憂而憂，後天下之樂而樂」就是他一生生活的寫照。由於他平日勤於綜觀歷史的演變，因而能吸納歷史的智慧，於是具有先見之明，也更有先見之憂。然而因為他的理想曲高和寡，往往無法得到廣大群眾的認同，只被認為是杞人憂天；至於他提出的改革方案，也常常因為無法獲得上司的支持，而遭遇挫折，難以施展抱負。另有周遭許多安於現狀的人與既得利益者，更是在現實利益下連成一氣，合力抨擊儒者所提理想的荒謬，並且還會多方製造壓力以破壞理想的進行，甚至於還會出下策地危害儒者的身家性命。諸如此類的橫逆與阻礙，都是一個具有理想抱負的人經常會遭受到的「非禮犯義」式的「待遇」；面對這些，儒者唯有能「安之若素」、處之泰然，才能化險為夷，實踐自己平生的志向。

「理想」之所以成為理想，就因為它是經由理性的考慮而有的設想，它不是靈光乍現、稍縱即逝的瞬間感受。然而不幸的是人類運用理性思考的習慣並不相同，因而一旦自己確定了理想的目標，同時也要抱定必須勇於承受一世煎熬的心理準備，才可以在每當橫逆降臨時，有勇氣承擔一切，更有傻勁堅持到底（苦幹實幹的傻勁往往是事情成功的關鍵），並且還會隨時告訴自己：如果理想那麼容易實現，那麼這種理想又有什麼值得珍貴之處！

做事必須要求「盡其在我」，然而在極端困頓受挫之時，也不妨拿它做為問心無愧、不在乎別人說詞式地自我安慰。但是，在自我安慰的療傷過程之後，就要進一步思考：我是否真的是「盡」其在我了？因為，「我」的一生還未盡，理想的實踐又何嘗能說「盡」了呢？只怕平日掛在嘴邊的「理想」，不足以成為自我一生高遠的「理想」，否則，它是需要我們付出一生的努力去實現的。儒者總是常懷這樣的一世憂思，至於你我，是否也懷抱了一生一世的「理想」呢？是否有足夠的心理準備去承擔此一世的憂思呢？

理想的意境

誠心貫禮樂
中和境界成

樂極和，禮極順。內和而外順，則民瞻其顏色而弗與爭也，望其容貌而民不生易慢焉。故德煇動於內，而民莫不承聽；理發諸外，而民莫不承順。故曰：「致禮樂之道，舉而錯之，天下無難矣」。

——〈樂記〉

註釋

易慢（慢）：怠慢輕忽。
德煇（煇）：煇同「輝」，指德性的光輝。
承聽：恭敬地聽從。
錯：同「措」。

讓禮樂和諧人的舉動

禮樂和我們的關係十分密切。當我們盡心致力於音樂時，可以達到修養心性的功用，使心意與神理互相感通，舉止行為自然中規中矩，而獲得人人的敬畏與威服。當我們盡心致力於禮儀時，可以具有檢束自我行為的效能，在日常生活中自然知道莊重敬慎，並且在待人接物之間都有令人崇敬的威儀。所以音樂可以使人從內在情性上，與外界發生心神的相互感應；禮儀則是使人的外在行為，由於理性的作用而有適當的節制；可知禮樂和我們不可有片刻的分離。

音樂的最高境界，是調理一個人的情性意念，使他能達到平和愉悅的狀態；禮儀的最高境界，是調理一個人的外貌行為，使他能達到理事順暢的狀態。一個人如果真能達到內心平和愉悅而外在理事順暢的話，一般人只要看到他的神態顏色，就不會和他爭論是非；只要看到他的容貌風度，人們自然不會興起怠慢輕忽的念頭。這都是因為純然至善的德性光輝不但發作於內，而且發揚於外，足以做為道德的典範，所以人們沒有不恭敬地聽從於他的；因為純正的理性表現於外在事物的裁斷，足以做為道德的典範，所以人們沒有不恭敬地順服於他的。所以有人就這麼說過：「如果真能懂得禮樂之道，而且能善加運用，以實行於天下，那麼，天下就不會再有任何難以處理的事了」。

由於人們大多喜歡獲得情性的感應，而音樂的表現方式，又是經由旋律的躍動與歌詞的演唱，以發抒內在的感情，所以藉由音樂，可以使人情獲得喜悅的滿足，又可以彰顯盛德，達到讚頌功業的效果。但是如果只知一味地追求喜悅滿足，而不能自我抑制，則會由於不斷地追求，而導致過分放蕩且無法收拾；如果只知一再地讚美詠歎，而不加以節制，則會流於溢美奉承，無法顯露真性情。由於人們大多不喜歡受到行為的約束，而禮儀的精神，又是以謙敬減省、懂得節制為主，因此對於音樂也要講求追本反始，期望能從理性上瞭解盛樂是否能與盛德相比配，更引導人能深思感念恩情的由來，從而敦厚人的真實情性。

喜好歡樂，是人情所不可免的。人有所樂，自然要發為聲音，表現於動作，但是如果舉動不加節制而不得當，就必然要出亂子。因此古典雅樂就在於以禮節樂、以禮節情，使樂音足以令人喜悅，然而又不至於放肆；歌詞足以驅動人的善性，然而又不至於胡思亂想；從迴旋反覆的樂曲歌聲中，啟動潛藏於內心的真誠善性，於是凡所舉動都可能得當。這也就是為什麼雖然自己並非教徒，然而一旦聽到悠揚的聖樂在耳邊輕輕響起，原本起伏不定的心情，卻會逐漸隨著樂音而慢慢積澱、淨化，而終歸於平靜祥和；至於播放一些激情的搖滾樂等，則無法在血脈僨張之餘，使人獲得心靈的平和。因此，當我們在奔放的現代樂聲中盡情扭動身軀時，如果能在快感的滿足、激情的解放之餘，還能放慢音樂的節拍，多加一點心靈迴旋的空間，使人能在餘音繚繞、聲聲不絕於耳的涵詠中，多加一絲深思與感念的餘味，將會減少很多樂極生悲的事，而增加許多溫柔敦厚的美好人間情愫來。

所謂誠其意者，毋自欺也！如惡（ㄨˋ）惡（ㄜˋ）臭，如好（ㄏㄠˋ）好（ㄏㄠˇ）色，此之謂自謙（ㄑㄧㄝˋ）！故君子必愼其獨也。小人閒居爲不善，無所不至；見君子而后厭（ㄧㄢˇ）然，揜其不善而著（ㄓㄨˋ）其善；人之視己，如見其肺肝然，則何益矣？此謂誠於中，形於外。故君子必愼其獨也。

——〈大學〉

註釋

自謙：謙，通「慊」，滿足之意。「自謙」是自我充實與滿足。

閒居：平時獨處之時。

厭然：「厭」是閉藏之意。「厭然」是躲躲藏藏，閉藏不使人看見的樣子。

揜：掩飾。

樂得平生一面具

一個「誠於中，形於外」的人，一輩子只需擁有一張面具！

所謂「誠其意」，就是自我能認真切實地把握每一意念的活動，不欺騙自己。要怎樣才能做到不欺騙自己呢？對於不善的念頭，要像是討厭惡臭的氣味一樣，去之唯恐不及；對於好的念頭，要像是喜愛美好的色彩一樣，非常珍重地把握。能時時這樣做，自我就可以充實而滿足，胸中再也沒有什麼虛妄不實的成分了。所以君子在他獨處的時候，也一定非常謹慎而不敢隨便，對於每一個意念的活動都十分仔細地過濾，不使不善的念頭滲入心中。再看看那些小人們，平時閒來無聊，專門撥弄是非，「行偽而堅，言偽而辯」，簡直是無惡不作；但是看到了君子，卻是躲躲藏藏的，眼神始終不敢直視正人君子，總是想辦法掩飾自己的壞處，而努力彰顯自己的好處；然而在明眼人看來，就好像能透視到他的心肺肝脾似的一般清楚，遮遮掩掩又有什麼用處呢？這就是說，一個人內心所切實把握的，一定會自然地表露於外表，是根本無法掩飾的，這就是「誠於中，形於外」的道理。所以一個君子在他獨處的時候，即使是一切的意念活動都不為人所知，他也會格外地謹慎小心的。

意念的浮動旋起旋滅，此起彼落且又交疊相生。這些瞬間起伏的意念，多半來自細微瑣事的聯想而起；然而就由於事情的微小，以致在不經意間，常常忽略了必須檢視這些念頭究竟是善或是惡。即使偶爾能意識到念頭的不善，卻又以為它微不足道而不加理會；這種自我寬恕的態度，實際上就是自我蒙蔽與欺騙。一旦這種稍有不善的念頭日漸滋長，而形成觀念，且慢慢形成習慣，就會直接影響到行為，想要改正就很困難了。因此就算是在人前盡力遮掩，無奈已經養成的習慣，一時之間實在無法掩飾過來，在明眼人面前是很難遁形的。所以，在實際的生活中，對於「誠意」的修養，就不能等閒視之了。必須在意念剛剛浮動的時候，便應該隨時隨地詳加檢視，仔細地加以是非善惡的判斷，不以善小而不為，更不以惡小而為之，真正做到切實地執行善念而排除惡念的地步。

當然，環顧周遭的人，的確有許多人擁有多張面具，他可以很自然地見人說

範例1

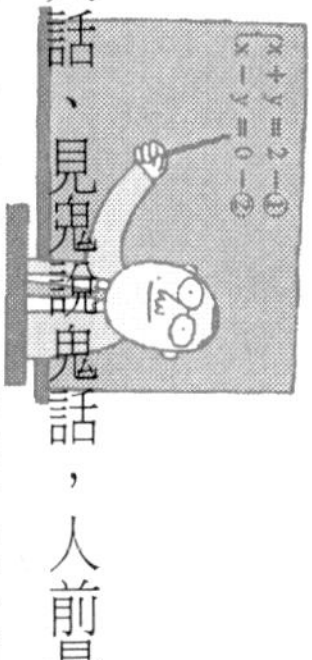

人話、見鬼說鬼話，人前是一副德性、阿諛諂媚，背後又是一張嘴臉、謾罵詆毀，由於看透人們喜歡受到奉承的弱點，於是透過面具快速轉換的「變臉」功夫，這種人還能飛黃騰達呢！又有些人明明是一派胡言，然而他卻能振振有辭，說得煞有介事，臉不紅、氣不喘的，彷佛就像真的一樣！又有些人更會利用大眾傳播媒體，運用各種傳播技巧顛倒是非黑白，塑造自己無辜受害的形象，製造犯罪有理、叛逆無罪的假象，賺取社會大眾的同情，達到他既定的目的、保有他既得的利益。社會中諸如此類的事層出不窮，常會令人氣結。

但是，聰明的各位是否想過：為什麼社會上有愈來愈多的精神病患？為什麼社會上有愈來愈多的人必須接受心理治療？其中有很多就是因為他們所戴的面具太多，更換又太頻繁，以致造成人格分裂而不自覺呢！所以只保有一張面具，時時刻刻表裡如一，雖然很多時候感覺不是很「靈光」，不過，它還有真實無偽而樸拙可愛的一面呢！更是降低造成精神錯亂、人格分裂的好方法呢！

天下之達道五，所以行之者三。曰：君臣也、父子也、夫婦也、昆弟也、朋友之交也，五者天下之達道也；知、仁、勇三者，天下之達德也；所以行之者，一也。好學近乎知，力行近乎仁，知恥近乎勇。知斯三者，則知所以修身；知所以修身，則知所以治人；知所以治人，則知所以治天下國家矣！

——〈中庸〉

註釋

達道：古今天下彼此所共通的人際往來管道。

「知」仁勇：通「智」。

達德：古今天下彼此所共同的德性。

所以行之者，一也：一，指「誠」。

攀登智仁勇的高峰

不斷地攀登高峰以刷新紀錄，是每一個喜好登山的人永遠的夢想；至於對每一個關懷人性的人而言，所要攀登的，就是如何躍上智、仁、勇三達德的高峰了！

天底下彼此共通的人際關係有五種，而彼此共通的德性則有三項。也就是說：君臣、父子、夫婦、兄弟、朋友之間，彼此的相互往來構成了天下人互通的管道；智、仁、勇三種德性，則是天下人共通的德性；而用以貫串人際關係與人類德性的，就專門依賴「誠」這個字了。一個人如果能喜好求學，孜孜不倦地努力，日積月累下來，自然會逐漸接近「智」的境界；如果能依照教導，認真地行善，自然會逐漸接近「仁」的境界；如果知道不如人是羞恥，而能確實加以改進，迎頭趕上，自然會逐漸接近「勇」的境界。能知道這三種道理，就可以知道該如何修養自己；知道該如何修養自己，就可以進而知道如何去治理別人；知道如何去治理別人，就可以進而知道如何去治理天下國家。

時空環境儘管變幻多端，然而天底下也有很多事是亙古不變的，例如人際關係雖然日漸複雜，但是化繁為簡的結果，其實不外乎五種基本的人倫關係；人的德性雖然有很多不同的類別，但是能通行於天下的，又要屬三達德最為根本。能掌握這三種最根本的德性，就能妥善地處理人世間紛雜的各種事務以及其中的關係。至於要貫通人倫與人道，則更有賴於真實無妄的「誠」道來執行，毫無例外。但是由於人有賢、愚、智、不肖的不同，因而要達到智、仁、勇境界的「誠之」的路途，也就各有所不同了。

為達到「智（知）」的高峰，有的會經歷「生而知之」的階段，有的會經歷「學而知之」的路途，有的則是經歷「困而知之」的過程，雖然彼此所經歷的內容不甚相同，但是只要他能堅守真實無妄的「誠」之原則，認真切實地努力，都可以達到「智（知）」的高峰，能正確地判斷一切事物的是非善惡。為達到「仁」的高峰，有的經歷「安而行之」的階段，有的經歷「利而行之」的路途，有的則是經歷「勉強而行之」的過程，雖然彼此所經歷的內容不甚相同，但是只要他能堅守真實無妄的「誠」的原則，認真積極地行善，都可以達到「仁」的高峰，發揮人類善良的心性。至於要達到「勇」的高峰，就需要有堅忍不拔的毅力，能以自己不如人為恥，且能奮勇精進不退轉，對於再困難的事，也能抽絲剝繭地一一加以克服，就有可能達到勇者無敵的高峰。畢竟空有智慧而無毅力去執行，是不能成為真「智」的；徒有善心而不去實行，也無法成「仁」的；擁有堅強不變的意志，還能鍥而不捨地苦幹實幹的，才是真正的「勇」，也才是攀登德性高峰的動力來源。

常常，我們會發現出自內心的靈光與善意之所以無法完滿地實現，不是因為念頭不夠完美，而是我們「太聰明」地以為還有更便捷的方法，不必那麼辛苦地賣命。由於缺乏堅忍不拔的勇氣支撐，於是我們無法苦幹實幹，總是想盡辦法要投機取巧，然而何其不幸地，我們也因此和「智」與「仁」相對地絕緣了。

何謂人情？喜、怒、哀、樂、愛、惡、欲，七者弗學而能。何謂人義？父慈、子孝，兄良、弟弟，夫義、婦聽，長惠、幼順，君仁、臣忠，十者謂之人義。講信修睦，謂之人利。爭奪相殺，謂之人患。故聖人所以治人七情，修十義，講信修睦，尚辭讓，去爭奪，舍禮何以治之？

——〈禮運〉

註釋

「尚」辭讓：注重、講求。

「舍」禮：通「捨」，捨棄的意思。

情義世界知如何

只要是人，就無法擺脫人情義理的環繞，也必然要留意怎樣是有利於人，怎樣又會惹來禍害等問題。那麼，什麼是人「情」？喜、怒、哀、樂、愛、惡、欲，這七種心理感受，不必經過學習就自然而有的，稱為人情。什麼是人義？為人父的必須做到「慈」，為人子的必須做到「孝」，為人兄的必須做到「良」，為人弟的必須做到「悌」，為人夫的必須做到「有義」，為人婦的必須做到「聽從」，為人長者的必須做到「體恤下情」，為人晚輩的必須做到「順從教訓」，為人君的必須做到「仁愛」，為人臣的必須做到「忠誠」，這十種人人應該遵守的道理稱為人義。此外，彼此講求信用、修持和睦，都是有「利」於人的；至於彼此爭奪相殺，則是人類之「患」了。聖人能瞭然世人的各種特質，因此認為要建立一個理想、祥和的社會，就必須要妥為協調七種人情，積極建立十項人義，講求

彼此的信用，維持和睦的氣氛，提高辭讓的作風，而摒棄爭奪的行為。要達到這些目的，除卻實施禮教，還有什麼更好的方法呢？

回顧生民之初，人類的智慧還處於蒙昧閉塞的狀態，人所知道的，只不過是一些存在的自然情感反應、慾望希求以及利害關係罷了。由於人情不需要學習就自然而有，因而它可以說是與生俱來，源自於人性的自然發動，本無善惡的區別，然而由於「性」來自陽氣的發動，注重以理相契，因而具有顯明彰著的特性；「情」則來自陰氣的發動，常有牽繫羈絆，因而具有隱約難明的質礙；所以必須以陽導陰、使陰陽和合，以理（禮）節情、使情理相融，以義約情、使情義合一，才能使蒙昧不生，昏亂不起，達到修治情性的調和效果，使得雖是有情，然而在義理的節制下，人情不但不會煩熾、躁動，而且還能散發出情性之美，與義相契合，成就人倫之大義，造福人群之大利。

「禮」所追求的，就在於能詳察天地間最終、最高的理序，以使生於天地之間的人皆知有所取法，並且能從實際生活中效天法地，懂得因時制宜、因地制宜，以成就人間的人倫義理。更具體地說，就是以禮來調和人與生俱來的七情，使這些情感的發抒都能中於節度，並且在現實的人際關係中，努力實踐十種人義，做好每個角色應該扮演的工作，於是人人能在人生的舞臺上，與同伴稱職地演出一場人生的大戲。

任何一齣戲的演出，都必須要有導演、演員、劇本、道具設備、場景安排……等許多先決條件的協調配合。因此，即使是一齣普通的戲碼，它也絕對不是漫無頭緒的，而是必定有章法可循的；如果要演出精彩動人的好戲，那就更需要深入挖掘人類情性的根柢了。當舞臺上的人洋洋得意於以叛逆為豪放，認為敢於對道德禮法叛逆就是勇於擺脫吃人禮教的生命勇士時，如果你是盡職的編劇、導演與演員，你是否應該從各種角度引導觀眾透過高倍率的顯微分析，做客觀而仔細地思考：「禮」教真的吃人嗎？多少動人的「真情」演出，其實是不折不扣「虛情假意」地對著媒體鏡頭「演戲」！所以，聰明的，人世間到底應該「以義約情」還是「以情滅義」？

喜、怒、哀、樂之未發，謂之中；發而皆中（ㄓㄨㄥˋ）節，謂之和。中也者，天下之大本也；和也者，天下之達道也。致中和，天地位焉，萬物育焉！

——〈中庸〉

註釋

中節：合乎理性的自然節制。

致：推而極之。

天地位焉：焉，語助詞。天地的運行與自然的循環都能得到正當的安排。

萬物育焉：萬事萬物都能得到順遂的生長與發育。

「中」與「和」的境界

人生在世，都會因為和外在的事物發生接觸而導致不同的感應，於是就會有喜、怒、哀、樂等不同的情緒變化。在這些情緒還沒有發動以前，我們將這種冷靜平衡的狀態稱為「中」；當這些情緒有感而發之後，如果都能合乎理性的節制，我們就將這種莊重平和的表現稱為「和」。這種冷靜平衡狀態的「中」，包含著天下萬事萬物最根本的自然理性；而莊重平和的表現，則代表了天下萬事萬物共通的理想型態。如果能夠真正做到以「中」為本，而且能達到「和」的最高理想型態時，就可以達到完美的境界，而可以使天地的運行、自然的循環獲得它正常的安排，也可以使萬事萬物都得到適當的發展和孕育了。

「中」是天下各種人、事、物自然理性最大的本體，因而它是得自自然稟賦的一種冷靜平衡的穩定狀態，所以它又是不衝動、不偏激的，無所謂私心，也沒有所謂的邪念。但是，由於人、事、物各有差異，因而在實際交接中，就會產生不同的反應。面對這些不同的狀態反應，於是人們又會相應地有喜、怒、哀、樂等不同的感覺，且會很自然地將這些情緒表現在外。由於情緒表現於外，因而勢必又要與外界的人、事、物發生接觸，為使所與交接的人、事、物都能獲得最大的相互穩定而平衡的狀態，以達到最高的「和」之理想型態，因此講求用「中」的「中庸之道」，自然成為最合理性的節制方式，更是一般人必須透過引導教化而勤加修持的處世之道。

用「中」，不是走不東不西、不南不北、不取兩端的中間模糊路線，更不是鄉愿式地和稀泥，只求息事寧人，而是要求一切處世原則能合乎事物本然、自然的理性，能順合人性共通的思想與道理。因此對於一般人而言，想採取「中庸之道」，往往不是「不思而得」、「不勉而中」就可以的，而是必須經過博學、審問、慎思、明辨、篤行等學習、修養的工夫，才能真確發現何謂事物自然的本體、何謂人類合理的本性，才不會真偽不辨、是非難明，在現實的花花世界中迷失本性，無法與廣大的人事界與自然界取得平和的理想狀態。

真正的用「中」致「和」，不是只合乎一己所想的「理」、順應一己所欲的

「性」，而是要達到天地間的萬事萬物能各得其位、各遂其長的境界，因此必須擴大每個人的胸襟，不再以滿足一己的私理為安，更不以完遂一己的私慾為理所當然。一個「中和」的世界，絕對不是使社會上同時存在著公說公有理、婆說婆有理，卻又彼此互不相容的片面道理，就可以說是「多元」的包容文化。一個「中和」世界的成員應該把眼界加深加廣，使每個人不但能清楚地明瞭唯有讓萬事萬物都能各得其位、各遂其長，人類才能得到順遂發展的道理，而且還能於生活中實地踐行與自然和諧發展的處世哲學。因為人是自然界中的生物，無法脫離自然而生存，更無法違反自然理性的原則而獨存，唯有能與天地間的萬事萬物取得和諧與平衡的關係，人類才有前途，也才有幸福可言。

篇後語

願 你
樂意開啓
甜蜜的包袱

胸懷禮義好憑藉

從容安穩赴行程

相鼠有皮，人而無儀？人而無儀，不死何為！
相鼠有齒，人而無止？人而無止，不死何俟！
相鼠有體，人而無禮？人而無禮，胡不遄（ㄔㄨㄢˊ）死！

——《毛詩》〈國風・鄘・相鼠〉

過街老鼠，人人都不免要喊打；未必這隻正在過街的老鼠，就是偷吃或破壞你我食物、器物的那隻老鼠，而是源於老鼠這種齧齒動物，本來就具有貪得飲食與咬嚙器物的特殊屬性，而且還會為人類傳來可怕的黑死病，於是就難逃挨打、被撲殺的命運了。儘管老鼠受人厭惡，但是，看那灰密的皮毛、尖長的牙齒、結實的肢體，一望就可以知道那是老鼠的特徵，絕對錯不了。甚至於還有一種人稱「禮鼠」或「拱鼠」的特殊鼠類，看到人還會交其前足而作拱，就像人們打拱作揖一般，頗有幾分可愛的模樣。由此可知就算是令人討厭的鼠類，一旦能行「禮」，就還有幾分人模人樣呢！所以，能不能行禮、有沒有適當的舉止行動還是人的標誌呢！而且，鸚鵡雖然能說話，畢竟終究離不開是飛鳥；猩猩雖然也會說話，畢竟也逃不掉只是走獸而已。如果身而為人竟然還不能注重禮儀、明瞭義理，表現人之所以為人的特質，不也只是標準地擁有禽獸之心且行使禽獸之行的「兩足，無毛的動物」嗎？又能算什麼「萬物之靈」呢？

禮，就是理，是本於天地之間自然運行的理序；因此禮儀本身，就會有一定的常軌和限制。常軌和限制，雖然有時會讓人感覺是一種束縛，但是這種一定限度的約束，卻可以造成群體生活的秩序，便利群體的生活；就像是太陽系中，無論是或大或小的星體，都必須遵循其運行的軌道，否則就會發生危險的碰撞。試想，星球的運行如果偏離了一定的軌道，大家都知道將會產生毀滅性的結果。「彗星撞地球」影片中的可怕場景，誰會希望它在實際生活中發生？同樣的，人世間的相互關係，倘若脫離了既定的常理，難道不會造成普遍性的混亂嗎？

君不見現代的社會，不是正存在著許多脫序的現象：

在一切都標榜自由，講求想法時髦、做法前衛之下，「只要我喜歡，有什麼不可以？」不只是一句口頭禪而已，更是一件「理所當然」的事了！但是，人真得就可以「自由」了嗎？恐怕未必！早就有不少人愈來愈擔心：雖然是閒來無事家中坐，卻不知道災禍何時會入門來！因為，油管起火、瓦斯氣爆、車子衝入屋內、飛機墜毀傷及民房等公安事件，早已是大家耳熟能詳的事了！也不知什麼時候「大哥級」的人物要擁槍而入，不但洗劫財物，還要蹂躪在場無辜的民眾一番，稍有不順，更要來個子彈侍候！因而即使是住處再堅固，也經常要提心弔膽、驚慌恐懼！為什麼這樣？理由很簡單，「只要我喜歡，有什麼不可以？」不是喊得震天價響嗎？「我，做生意嘛！大家自由做，賺錢第一，誰管你安檢不安檢！」、我「大哥級」的，也只是做做我喜歡做的事罷了，有什麼大驚小怪的？

「綁架新聞媒體」、「利用新聞媒體」的伎倆，早就已經開始，只是最近更為時髦熱門罷了！瞧瞧，能讓一群群的新聞工作者爭相蜂擁而至，還不是只有普通的能耐呢！要不是有這些重量級人物的勇於召開記者會現身說法、接受特別專訪，哪來那麼多「狗仔隊」似的獨家新聞呢？想想，少了這些製造新聞的天才，多少跑新聞的人要喝西北風了呢？因此，社會大眾在這些人的頭上安上「悲劇英雄」、「真愛鴛鴦」、「人權的伸張者」、「真理的代言者」諸如此類的封號，製造一些撩人煙霧的「八卦陣」與「八卦」新聞，講得「實際」一點，也只是圖個

「互利」而已呀！

然而夜深人靜時，捫心自問，這一切到底「利」了誰？真的有人蒙受其「利」嗎？又有多少無辜者身受其「害」？大家不是常說「人生如戲」嗎？因此，面對這些編、導、演三者俱佳的精彩演出，是早該讓這些創作天才上頭條新聞、成為封面人物了！尤其，現在不是「流行」很「開明」地說：天下事其實沒有所謂的「對錯」、也沒有什麼絕對的「是非」嗎？尤其是感情的問題更是如此，只有「輸贏」而已，有些人只是使自己成為「贏而不輸」的掌舵者，又何錯之有？然而，事情果真如此嗎？整個社會要為此付出多少代價？

以上冠冕堂皇、似是而非的言論，只是現代社會問題中冰山的一角。面對著社會上太多令人驚心動魄的現象，很多人都慷慨激昂地說：「這個社會病了！而且病得很嚴重！」又有很多人說：「這是一個脫序的社會！」你說呢？你是否也為四周的環境缺乏秩序而感到憂慮？如果是，也請別擔心，儘管放膽地坐下來，勇敢地、樂意地打開這個包袱，就算外面的環境再紛亂，你只要嘗試著去探察包袱中的種種，你還可以通過時光隧道，沈浸在遵循秩序的禮文世界中，奢侈地享受一下現世社會中難得的安寧，獲得一些喪失已久、免於恐懼的自由感覺！

退一步說，即使你不願意長期進駐這個包袱中的世界以尋求休憩與避風，不過，也可以請你進來坐坐、瀏覽瀏覽，讓你換換鏡頭，看看相對於現在到處充斥著聲色犬馬的花花世界之外，還有另一個素樸天地，擁有另一番簡樸素雅的光景！畢竟，緊張刺激、光怪陸離的景象看多了，換個場景還比較有味道呢！日本不是已經努力倡導「清貧運動」好幾年了嗎？世界各地的營養學家不是時時提出呼籲，希望大家在飽食大魚大肉之後，要多多回歸自然飲食、健康飲食嗎？同時「斷食療法」、「飢餓30」的運動不是正在各地盛行嗎？所以，還是要真誠地邀約你前來觀賞，並且願你：

樂意開啟這個甜蜜的包袱！

雖然，你我都很清楚：人，是一種很奇特的生物！經常做一些事與願違的事，也經常說一些口不從心的話！但是，請別忘了：平生只有一張面具的人，才是最笨拙得可愛的呢！和這種人相處，是最安全有保障的！因為，你可以很清楚地看到他的喜、怒、哀、樂，絕對不必擔心他會冷不防地從暗處砍你一刀、射你一箭，到死都還不知道自己是怎麼死的呢！所以，要多多號召有志之士，努力學習使自己成為一個誠誠懇懇、實實在在的人，一生只配戴一張面具，不會喬裝偽作的人，而且還要能勇敢地說出自己的需要：給我一個甜蜜的包袱！讓我縱然走遍千山萬水，也足以支撐倚靠！讓我能依禮（理）而行，一生無愧無怍！

國家圖書館出版品預行編目資料

甜蜜的包袱：《禮記》／林素英著. --初版. –
臺北市：萬卷樓, 民 92
面；　　公分

ISBN 957-739-431-0(平裝)
1.禮記－通俗作品

531.2　　　　　　92001483

甜蜜的包袱--《禮記》

著　　者：林素英
發 行 人：楊愛民
出 版 者：萬卷樓圖書股份有限公司
臺北市羅斯福路二段 41 號 6 樓之 3
電話(02)23216565．23952992
FAX(02)23944113
劃撥帳號 15624015
出版登記證：新聞局局版臺業字第 5655 號
網　　址：http://www.wanjuan.com.tw
E-mail：wanjuan@tpts5.seed.net.tw
經銷代理：紅螞蟻圖書有限公司
臺北市內湖區舊宗路二段 121 巷 28 號 4F
電話(02)27953656(代表號)　傳真 (02)27954100
E-mail：red0511@ms51.hinet.net
承印廠商：晟齊實業有限公司
定　　價：240 元
出版日期：民國 92 年 2 月初版

ISBN 957－739－431－0